幽默社交课

单武林◎著

中国商业出版社

图书在版编目（CIP）数据

幽默社交课 / 单武林著 . -- 北京：中国商业出版社，2021.7
ISBN 978-7-5208-1665-6

Ⅰ.①幽… Ⅱ.①单… Ⅲ.①幽默（美学）—社会交往 Ⅳ.① C912.3

中国版本图书馆 CIP 数据核字（2021）第 116332 号

责任编辑：包晓嫱　佟　彤

中国商业出版社出版发行
010-63180647 www.c-cbook.com
（100053 北京广安门内报国寺 1 号）
新华书店经销
三河市国新印装有限公司印刷
*
880 毫米 ×1230 毫米　32 开　7.5 印张　195 千字
2021 年 7 月第 1 版　2021 年 7 月第 1 次印刷
定价：48.00 元
****
（如有印装质量问题可更换）

幽默让社交更精彩

21世纪最重要的科技非量子科技莫属,美国诺贝尔物理学奖获得者杰克·斯坦博格曾经估计,在当代经济中,三分之一的国民生产总值是来自以量子力学为基础的高科技所形成的生产创造力,21世纪将是量子科技的世纪。

量子科技推动了互联网的普及,我们身处的互联网时代正是进入量子科技时代的标志。量子科技时代的主要特征就是迅变、高度不确定、错综复杂、混沌。量子哲学观认为,整个世界是由相互作用、互相叠加的动态能量模式组成的,相互之间是紧密关联的。我是由我的关系界定的,即是由我与自己内部的关系以及我与外部他人的关系界定的;没有关系,我就是虚无。关系成为人们认识世界的桥梁和纽带,也是个体展现自己的平台。人与人的相互认识和了解,人与社会的相互认识和了解,就是靠人与人的相互作用,靠人与人的交流与沟通,靠人际关系的构建和发展得以实现的。社交活动无疑是我们认识社会、认识人类不可替代的重要渠道。

德国作家布拉说过:"幽默是生活波涛中的救生圈。"美国心理学家赫布·鲁说:"幽默可以润滑人际关系,消除紧张,减轻人生压力,使生活更有乐趣。"幽默是人类智慧高度发展的结果,人们以幽默揭示生活中的假丑恶,赞美真善美。

《幽默社交课》的作者就是通过对幽默在社交中所体现的重要意义和作用的阐述,告诉我们这样的道理,只有拥有渊博的知识、机智的头脑,随机应变地作出各种改变,充分发挥幽默能力的人,才能在社交活动中表现得出类拔萃。

幽默是一个人的学识、才华、智慧、灵感在语言表达中的闪现,它体现一个人的内涵和思想的精华。海特说:"幽默是一个好教师优秀的品质之一。"换一个角度说,幽默也是一个善于社交者优秀的品质之一。社交者只有树立幽默意识才能自觉地追求和创造幽默,才能发挥幽默在社交中的作用。

美国著名心理学家特鲁·赫伯认为:"幽默是构成人的活力的重要部分,也是产生创造力的源泉之一。"擅长想象和幻想的艺术家的创作个性几乎都与幽默相关,从事十分严肃工作的政治家也与幽默相当有缘,善于冷静客观思索的自然科学家同样与幽默紧密相连。每个生活中的人如果经过幽默的熏陶,养成包容一切的

推荐序

幽默心态，就能提高格局，让自己拥有乐观、旷达的性格，从而对大千世界保持广泛的兴趣，这对人能力的提升和创造力的开发有着难以估量的影响。一个人拥有豁达自由的幽默心态，就能远离烦恼、焦虑，不仅不会被困境征服，反而会以一种超脱的态度，保持内心的自由，这对于其才能与创造力的发挥至关紧要。

我觉得每个人都应该充分认识到幽默对于社交活动的重要作用，这样，我们就会更自觉地去接受幽默的熏陶，培养自己的幽默感，以充分施展我们的社交才能，提高社交质量，从而营造和谐温馨的社交氛围。

当然，幽默并非与生俱来，而是后天不断培养起来的，希望本书能为你的幽默培养奉献一份光和热。

同济大学副校长、教授、博士生导师　周箴

2021 年 5 月于上海

前言

　　幽默不但是一种口才技巧，更是一种生活态度，甚至可以称之为一种为人处世的哲学。生活中，当我们坚持幽默的原则，往往会有更出色的表现。那些幽默风趣的人，不管是在生活中还是工作中，都会更加快乐，也会更受人欢迎。尤其是在公共场合，他们妙语如珠、谈笑风生，很容易成为众人瞩目的焦点。因此，如果我们掌握了幽默的技巧，那在人际交往中将会更加如鱼得水。

　　古今中外，很多伟大的人都给予了幽默极高的评价，例如俄国大名鼎鼎的文学家契诃夫说过，一个人只有懂得开玩笑，人生才有希望，否则哪怕他聪明绝顶，也不算是拥有真正的智慧。

　　但在现实生活中，很多人都把幽默与低俗的玩笑混为一谈，认为既然幽默与玩笑都是逗人发笑，那么它们就没有本质区别。其实这样的理解是错误的。有些玩笑是非常低俗的，而幽默却是智慧的最高表现形式之一。一个人只有拥有渊博的知识和机智的头脑，只有随机应变地做出各种改变，才能发挥幽默的能力，才能在人际交流中表现得出类拔萃。

幽默不但有助于我们拓展人际关系，进行顺畅的人际沟通，还能够帮助我们形成极强的人格魅力。这是因为幽默让人变得睿智风趣，也让人拥有宽容博大的胸怀。

当然需要注意的是，幽默的本领并非是与生俱来的，而是在后天成长的过程中不断培养起来的。我们往往羡慕那些拥有幽默感的人，羡慕他们妙语如珠，听他们谈话感到愉悦，但是却不知道他们在获得幽默的技能之前付出了多少辛苦和努力。

是的，幽默如此重要，是生活中不可缺少的智慧。那么，从现在开始，我们就要注意培养自己幽默的能力，让自己因为幽默而变得与众不同。

第一章
幽默是语言沟通的增强剂,让谈笑风生成为习惯

正话反说,幽上一默 / 2

最高明的幽默:以不变应万变 / 6

话里有话,一语双关 / 10

难得糊涂,暗寻杀机 / 13

随机应变,就坡下驴 / 17

与其遮遮掩掩,不如坦诚相见 / 22

笑一笑,十年少 / 27

第二章
幽默是唇枪舌剑的安定剂,让获胜轻轻松松

懂幽默才能大事化小,小事化了 / 34

指桑骂槐,拐弯抹角 / 38

后发制人，也能获胜 / 42

反问式的幽默，把"雷"还给"敌人" / 47

弦外之音，助你扭转败局 / 50

巧妙反击，化解尴尬 / 54

第三章
幽默是演讲舞台的强心剂，让你妙语连珠口吐莲花

凡事有备无患 / 60

以玩笑燃爆全场 / 64

由浅入深，扣人心弦 / 68

与听众幽默互动，吸引听众 / 72

以幽默结束演讲 / 75

第四章
幽默是人际相处的黏合剂，让你拥有超强吸引力

懂得幽默，与陌生人一见如故 / 82

幽默让沟通水到渠成 / 85

幽默的你总能得到众人瞩目 / 89

懂得幽默，才能拥有好人缘 / 92

以幽默拉近与他人的距离 / 96

幽默的人处处受欢迎 / 100

第五章
幽默是面面相觑的润滑剂，让尴尬烟消云散

用荒谬消除尴尬 / 108

出糗也可以做到幽默 / 112

用幽默消除气氛的坚冰 / 116

以柔克刚，挽救"失态" / 119

"脑洞"大开，消除尴尬 / 123

第六章
幽默是职场达人的催化剂，让你处处受人欢迎不讨嫌

打造良好的第一印象，幽默的自我介绍不可少 / 130

幽默让同事关系更加和谐融洽 / 134

幽默地提出意见 / 139

多和下属开玩笑 / 143

领导者要笑口常开 / 148

风趣幽默的批评更受欢迎 / 152

第七章
幽默是浪漫爱情的助燃剂，让你拥有最美好的爱情

打翻了醋坛子，让幽默来除醋味儿 / 160

用幽默浇灌爱情的种子 / 164

幽默是爱情的催化剂 / 167

幽默，让搭讪水到渠成 / 171

幽默让拒绝更容易接受 / 175

第八章
幽默是平淡生活的调味剂，让生活欢乐满满

幽默能消除家庭生活中的戾气 / 182

当幽默的长辈，才能与小辈打成一片 / 186

幽默是幸福家庭的润滑剂 / 191

幽默治愈你的身心 / 195

幽默是智慧，也是品格 / 199

第九章
幽默是亲子关系的灭火剂，让剑拔弩张化为其乐融融

教育孩子，幽默必不可少 / 204

幽默的父母是孩子的朋友 / 208

幽默地提出期望，让孩子奋发向上 / 212

幽默面对孩子，爱要大声说出来 / 215

面对有"问题"的父母，孩子学会幽默提意见 / 219

后记 / 224

第一章
幽默是语言沟通的增强剂，让谈笑风生成为习惯

每当看到别人谈笑风生时，我们总是心生羡慕，但是一旦轮到自己张口说话，却常常因为不懂得沟通的技巧，或者是笨嘴拙舌，或者总是言不由衷。这样的表现使我们常常躲避在角落中，生怕引起别人的关注，如果迫于无奈而不得不当众发言，我们也总是心怀忐忑。渐渐地，我们变得越来越自卑。所以我们应该以幽默作为语言沟通的增强剂，让谈笑风生成为自己与人相处的好习惯，这样才能够真正地成为擅长沟通和具有魅力的人，为自己的人际交往增色添彩。

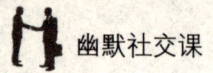

正话反说，幽上一默

一直以来，很多人都对幽默存有误解，认为所谓幽默就是开玩笑。那么，幽默与开玩笑之间到底有怎样的区别呢？幽默是最高级的智慧表现形式之一，开玩笑是指用幽默、轻松的方式逗别人，双方都能接受为宜。所以，我们应该真正达到幽默的至高境界，而不要始终困于卖弄语言艺术的怪圈之中。

幽默的能力并非与生俱来，而是在后天不断学习和成长，并且坚持练习各种各样的技巧才能得以提升的。在幽默的众多技巧中，正话反说是一个非常有效的技巧。正话反说还能起到出其不意的效果。从字面意思来理解，我们是用反面的语言表达相反的意思——正面的意思。这就意味着我们真正想表达的意思，与字面的意思背道而驰。在采取正话反说的方法表达时，往往能够起到良好的表达效果，诸如表达讽刺、挖苦、嘲弄的意思。对于正话反说，也可以将其称为说反话或者反语。

细心的朋友们会发现，在生活中，很多人在与他人沟通的时

第一章　幽默是语言沟通的增强剂，让谈笑风生成为习惯

候都会采取正话反说的方式，一则可以表达真实的情感，二则也可以实现表达的效果。在人际沟通中，需要注意的是，正话反说往往具有嘲笑、讽刺的意味，所以要区分时间和场合，根据不同的沟通对象决定是否采用，而不要在任何时间场合都不假思索地加以利用，否则就会导致人际关系变得紧张恶劣。

进入大学之后，张哲非常懒散。虽然他在高中时期表现得特别好，在学习上有严格的自律精神，但是进入了大学，他误以为自己进入了"保险箱"。所以才刚刚进入大学几天，他就成了迟到大王。一天，老师正准备上课，张哲和之前一样急急忙忙地赶到教室，嘴里还咀嚼着没来得及吞咽下去的面包。

这时，老师丝毫没有生气，而是面色平静地对张哲说："这位同学，我建议你明天再晚十分钟到。这样一来，你就不会被批评了。"听到老师的话，张哲感到非常纳闷。他赶紧伸长了脖子把面包咽下去，然后疑惑地问老师："老师，为什么呢？我如果再迟到十分钟，岂不是更严重了吗？"

这个时候，老师慢条斯理地说："因为如果你再晚来十分钟，我就已经开始讲课了，所以我不会停下来和你说话，也就没有机会批评你。你只要贴着墙根儿偷偷地溜进来，不要打扰别的同学，我是不会管你的。"听到老师的这个"合理"建议，张哲意识到老

师是在以正话反说的方式批评他,不由得羞愧得满脸通红。这时,同学们也哄堂大笑起来。张哲暗暗发誓以后再也不迟到了。

大学校园里,迟到之风盛行,迟到的现象很严重。对于学生迟到的行为,如果老师直截了当地批评学生,那么学生往往不愿意接受和改正自己的错误,但是如果老师采取幽默的方式告诉学生迟到是一种很不好的行为,不但会打乱老师讲课,而且会影响其他同学听讲,那么学生就会积极主动地反思,从而也就起到了预期的效果。

和很多正面的表达方式相比,正话反说更让听话者感到羞愧,让他们主动反思自己的错误或不当行为,促使他们自觉地作出好的改变。

正话反说,是一种有力的武器,能够在语言的战斗中帮助我们获取胜利。再举个简单的例子。在家庭生活中,丈夫总是喝得醉醺醺的回到家里,和妻子纠缠不休,妻子即使反复叮嘱丈夫以后不要再喝酒,丈夫也不愿意听从妻子的劝告。在这种情况下,妻子可以对丈夫说"下次多喝一点,省得回来之后折腾自己,折腾别人。你要是喝得烂醉如泥,睡在外面,那就更好了。放心吧,家里不会去找你的"。听了妻子的话,丈夫这才知道自己喝醉酒的行为给妻子带来了很大的困扰和痛苦,也使妻子很担心他的安危,

第一章 幽默是语言沟通的增强剂,让谈笑风生成为习惯

甚至对他恨铁不成钢,相信他下次一定会有意识地避免这种情况的发生。

采取正话反说的方式表达幽默的时候,需要注意以下事项。

首先,很多人总是滥用正话反说的幽默技巧,不分时间和场合,说任何话都采取正话反说的方式,以此来彰显自己的聪明机智。这样的行为是不理智的。因为正话反说有浓重的讽刺意味,所以并不适宜在任何时间场合面对任何谈话对象随意使用。

其次,在运用正话反说进行表达时,不要采取模棱两可的方式。很多人的理解能力相对较差,在面对他人的正话反说时,他们不能在第一时间领会到真实意图,这使他们按照对方的字面意思进行理解,反而会起到事与愿违的效果。既然我们要采取正话反说的幽默方式,就必须表达明确,让对方听完之后就知道我们真实的意图,这样才能避免对方产生误解,继续做出糟糕的行为。

最后,沟通的目的是为了达成共识,解决问题,所以在运用正话反说的幽默技巧进行表达时,我们要不忘初心。如果忘记了自己最初表达的本意,只是为了卖弄语言的技巧,那么正话反说就很难起到预期的效果。因此,不管是在什么时间、什么场合,也不管面对怎样的沟通对象,我们采取正话反说都要把握好分寸,把握好限度,这样才能最大限度地发挥正话反说的作用。

最高明的幽默：以不变应万变

很多朋友都喜欢看武侠小说，是典型的金庸迷、古龙迷、卧龙生迷。在看武侠小说的过程中，他们对于武林高手的制敌绝招总是怀有极大的兴趣，最终达成了共识，即他们全都认为武术的最高境界就是一招制胜。所谓制胜的一招往往大智若愚，非但不会很花哨，反而非常拙朴。例如，在《射雕英雄传》中，郭靖所使用的降龙十八掌就是看起来特别简单的招数，却考验人是否拥有深厚的内功。这就印证了那句话——无招胜有招。

和武林高手之间过招以无招胜有招有着异曲同工之妙的是，幽默的最高境界也是以无招胜有招。很多人在练习幽默技巧的同时，总是生硬地时刻提醒自己使用某一种幽默技巧。甚至有的时候使用幽默技巧的时机已经转瞬即逝了，我们还在琢磨着到底应该采用哪种技巧进行表达。不得不说，这样的犹豫和迟疑使我们错失了良机。对于真正的幽默高手而言，他们不需要思考应该选择怎样的幽默技巧来应对这些情况，而是会以不

第一章 幽默是语言沟通的增强剂,让谈笑风生成为习惯

变应万变。在面对很多场景的时候,他们都能随心所欲地从容应对。

当然,我们并不能在刚刚接触幽默或者开始有意识地练习幽默技巧时,就达到至高的境界。只有在坚持不懈的练习过程中,我们才能够提升自己的幽默能力,也才能够在各种各样的生活情境中搜集幽默的素材,发挥幽默的表达能力,做到游刃有余地使用幽默的技巧。尤其是当我们把幽默作为自身的一种素质进行发挥时,哪怕是在临时发生的幽默情境中,我们也能够自然地做出应对,而不必刻意地寻找适用幽默的情境,才能展现自己幽默的能力。这样,我们的幽默就会由内而外地散发出独特的魅力,而减少了浓重的刻意痕迹。

古今中外,很多名人都能够发挥语言的魅力,达到幽默的效果。例如大名鼎鼎的作家萧伯纳,就是一个富有幽默感的人。

对于大作家萧伯纳,很多书迷朋友都特别仰慕,有一些年轻的同行,也很渴望着能够亲自拜访萧伯纳,并向萧伯纳请教。遗憾的是,每次他们在想方设法打听到萧伯纳家的地址之后,前去拜访萧伯纳的时候,萧伯纳往往却不在家,这使得他们乘兴而去,败兴而回。

一次,一位女作家费尽周折才打听到萧伯纳家的地址,当即

就去登门拜访萧伯纳。但是,她发现萧伯纳没在家,她感到非常失望。这位女作家性格急躁,做事利落,所以便不假思索地大笔一挥,写了一张字条留给萧伯纳。字条的内容如下:萧伯纳先生,我一直非常仰慕您。今日特地来拜访您,但是恰好你没在家,我感到特别遗憾。所以我决定选择在本周四下午再来拜访您。我会在四点钟准时到达,请您务必留在家中等我。

当萧伯纳看到这位女士留下的字条后,不由得感到啼笑皆非。冷静思考之后,他意识到不能对自己的崇拜者做出过激的举动,因而他决定把那张字条邮寄给女作家。当然,他还在字条上加了一句话:"萧伯纳先生和你是一样的人。"收到萧伯纳原路奉还的字条,女作家当即意识到自己给萧伯纳先生留下这样的字条是不妥的。后来,她又几次拜访,终于见到了萧伯纳,还当面向萧伯纳表示了歉意。

那么,这位女作家的错误在哪里呢?她作为萧伯纳先生的崇拜者,应该虔诚地来拜访萧伯纳,并且以谦虚的姿态向萧伯纳请教,但是她却摆出一副领导者来视察的样子,要求萧伯纳先生留在家里恭候她。换作别人面对这样的字条,也许会弃之不顾,但是萧伯纳先生却采用了非常幽默的方式,以不变应万变,把这张字条寄还给了那位女作家,并且说自己和女作家是一样的人。相

第一章 幽默是语言沟通的增强剂，让谈笑风生成为习惯

信这位女作家在看到萧伯纳的字条之后，会意识到自己犯了怎样的错误，也会主动地反思自己。事实果然如此。

在人际交往的过程中，很多时候，我们面对他人咄咄逼人、居高临下的姿态，看到他人不甚礼貌，往往会感到无可奈何。我们只是被动地接受不公平的对待是远远不够的，虽然我们要采取谦逊的态度对待他人，不能勃然大怒，但是我们却可以用以不变应万变的方式机智地应对，产生良好的效果。具体做法就是，把他人踢过来的皮球再踢回去，让他人知道自己并不是那么好说话的，这样他人就会主动反思自己的言行举止，也会对自己的行为作出改变。

在与他人沟通时，除了以这样的奉还纸条的方式表达自己对他人的不满，幽默地提醒他人要反思自己的举止之外，我们还可以以语言表达的方式把问题再还给他人。例如明星在面对记者咄咄逼人的提问时，或者是采取沉默的态度不予应答，或者是反问对方在遇到同样的情况时又会如何选择，这样就会给予有力的回击，使对方措手不及。

在营造幽默效果的过程中，以不变应万变，以无招胜有招，是非常有效的技巧。当然，这不是简单地把皮球踢给他人，更不是很容易就能做出来的，而是必须要提升自己的文化修养，提升自己的综合素质，才能让自己变得内心强大，心理素质得以增强，

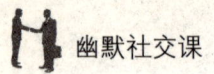

从而从容地应对外界的变化。尤其是当外界的事物让我们无法招架时,我们更是要随机应变,以子之矛攻子之盾。只有具备这样的品质,我们才能成为真正的幽默大师,也才能发挥幽默的魅力,在人际相处的过程中赢得他人的信服和崇拜。

话里有话,一语双关

语文学习中,有一种修辞手法非常玄妙,叫作双关。所谓双关,就是一语双关,指的是在具体的语言环境中,利用同音词或者是多义词,让语句起到表达双重意义的作用。如果用一句古诗来进行阐述,那就是醉翁之意不在酒,在乎山水之间也。在与他人沟通的过程中,如果我们看似是在说这件事情,实际上却是在说那件事情,那么我们的表达就会更加深刻。对方在揣摩我们的真实意图时,也会对我们的语言进行更深入的思考。

在很多情境中,双关的使用能够营造微妙的效果,使人切身感受到汉字的博大精深。双关使得中国语言的表达意在言外,或者必须深入挖掘语言的字面意思,才能了解表达者更深刻的真实意图。有的时候,双关所表达的两个内容甚至是毫不相关的,由

第一章 幽默是语言沟通的增强剂,让谈笑风生成为习惯

此而引起强烈的反差,形成幽默诙谐的良好效果。反差与幽默感之间呈现正相关的关系,反差越大,幽默感越强;反差越小,幽默感越弱。如果没有形成反差,那么双关就不具备幽默感。由此可见,要想以双关的方式营造幽默的效果,必须形成强烈的反差。

使用双关的方式表达幽默的效果,对于说话者提出了很高的要求。要想营造出较强的幽默感,说话者需要将原本毫不相干的语言素材组合成一种完整的表达方式,这样才能在语言的框架下表达不同的意义,呈现不同的内容,从而使幽默的效果得以增强。

有一部古装电视剧《铁齿铜牙纪晓岚》讲述了很多纪晓岚与和珅之间发生的幽默故事。其中,纪晓岚发挥大才子的特长,以双关的方式捉弄和珅的故事不胜枚举。

有一段时期,纪晓岚担任侍郎,和珅担任尚书,他们是乾隆皇帝的左膀右臂,陪伴在乾隆皇帝的身侧。作为风流才子的纪晓岚,很看不上和珅贪婪敛财的嘴脸,所以常常会找机会捉弄和珅。有一次,他们正在一起讨论朝中大事,和珅突然指着纪晓岚问:"是狼(侍郎)是狗?"换作别人,听到和珅这样毫不掩饰的侮辱,一定会勃然大怒,但是纪晓岚却不以为然,他马上做出反击,说:

"垂尾是狼,上竖(尚书)是狗。"

纪晓岚话音刚落,和珅哑口无言。面对纪晓岚风趣机智、幽默诙谐的回应,和珅虽然主动对纪晓岚发起了攻击,但是却彻底败下阵来。

对于和珅不怀好意的问话,纪晓岚深知和珅的用意,所以他没有生气。一旦纪晓岚生气了,和珅的目的也就达到了。纪晓岚不动声色,当即进行反击,说"尚书是狗"。由此可见,和珅真是不自量力啊,居然以这样的方式与纪晓岚进行博弈,输了完全是在意料之中的。

双关之语,就像幽默表达技巧中一朵绚丽绽放的花,能够让我们的幽默水平快速提升,使我们原本粗制滥造的幽默因为拥有丰富的文化底蕴和机智的应变能力,瞬间提升档次,变得截然不同。

要想用好双关之语,我们就要知道很多字词都具有不同的意义,或者是同一个字有不同的读音,才能借助这些多音或者同义词语的特点,对这些字词巧妙运用。有时候,我们使用双关之语,还要对历史典故等非常了解,要拥有渊博的知识,知道在这些词语背后隐藏着怎样的历史传说。唯有如此,我们才能让双关变得更加富有幽默感,散发出文化的韵味,也起到更好的表达

第一章 幽默是语言沟通的增强剂,让谈笑风生成为习惯

效果。

中国文化博大精深,源远流长。在语文学习的范畴之内,还有一些修辞手法,也可以起到良好的幽默效果,例如比喻、夸张、拟人等修辞方法。我们应该提升自身的知识素养和文化水平,这样才能得心应手地运用这些修辞方法营造幽默的效果,从而让自己的表达锦上添花。

难得糊涂,暗寻杀机

清代,郑板桥提出了"难得糊涂",由此糊涂哲学变成了一种人生哲学。原本,糊涂带有明显的贬义色彩,但是糊涂哲学却受到很多人的追捧。在生命的哲学中,糊涂哲学含有非常丰富和深刻的意义。如果仅从反应速度的角度对其进行理解,可以解释为一个人非常愚钝,不够精明,或者是对待事情怀有模棱两可的态度。但是细细品味这个词语,我们就可以感受到韬光养晦、大智若愚、胸怀博大的意味。

在幽默表达的过程中,我们可以拒绝真糊涂,却不要拒绝假糊涂,尤其是要追求难得糊涂的至高境界。一个人只有拥有至高

的修为，也拥有大彻大悟的博大胸怀，才能够真正达到难得糊涂的境界。在很多唇枪舌战的场合里，很多人都特别喜欢运用这种表达技巧，尤其是在那些剑拔弩张的辩论场合里，难得糊涂的智慧将会帮助辩手发挥语言的魅力，不但从语言上击败对方，而且从心理上让对方折服。具体来说，所谓难得糊涂，就是明明知道事实真相，却假装糊涂，明明知道看到的一切都是假的，却偏偏要以假为真，这样就可以顺着对方的话说下去，最终让对方掉入自己的语言漏洞中，感到尴尬和难堪，而且无力反驳。

前面我们说过，以子之矛，攻子之盾，是一种非常高明的沟通技巧，把对方的难题再还给对方。和显而易见的踢皮球行为相比，难得糊涂显然更高一筹。当我们发挥难得糊涂的表达技巧时，明知道对方所说的意思是错误的，却不直接为对方指出来，而是要引导对方亲口说出否定自己的话，这样对方就无法主张自己的观点，也不能反驳和批评我们的观点了。

使用难得糊涂的技巧与对方沟通的时候，还有一个至关重要的环节，那就是先要承认对方的观点。虽然我们心里认为对方的观点并不完全正确，但是只有先承认对方的观点，才能让对方放松警惕，也才能够抛砖引玉，吸引对方继续说出更为核心的论点。等到对方完全表达清楚之后，我们再来一招制胜，否定对方的论点，对方就再无招架和还手之力了。难得糊涂最高明的表达技巧

第一章 幽默是语言沟通的增强剂,让谈笑风生成为习惯

在于用对方的观点反驳对方,因为对方有一个最大的弱点,那就是不能自己和自己辩论。

一所高校里,围绕着大学生是否应该恋爱这个主题,辩论双方进行了激烈的辩论。正方选手认为,大学作为一个小小的社会,理应有爱情的身影,所以我们应该接受大学生的恋爱;如果大学生在大学期间不曾恋爱,那么他们的大学生活就是不完美的,不精彩的。对于正方的这个观点,反方一反常态,并没有当即否定,而是顺势而为,认可了正方的观点。接下来,反方选手提出:"的确,大学是一个小型的社会,为了大学生活更加完美,理应进行恋爱。我也认为正方辩手的观点是正确的。不过,我想请教正方辩手,人生要想精彩而又充实,必须做到哪些事情呢?"

这个问题简直太容易回答了,毕竟大家从进入初中开始就在接受三观的引导和教育,形成了很正确的人生观、世界观和价值观。想到这里,正方选手毫不迟疑地回答道:"充实精彩的人生,要有崇高的理想,要为实现理想而不懈努力和奋斗,然后才能享受拥有成功人生的快乐。"得到正方辩手的回答,反方辩手喜形于色,乘胜追击,当即强调道:"很好,你的回答非常完美。显而易见,你并不认为要想拥有充实精彩的人生就必须恋爱,所以我们何不等到大学毕业之后再尽情地恋爱,而非要在大学这个关键的

学习阶段谈恋爱,用恋爱占用宝贵的时间和精力呢?"

在这个辩论赛中,反方辩手显然是更高明的。面对正方辩手义正词严、慷慨激昂提出的观点,他并没有反对,而是承认了正方辩手的观点是正确的。正是这样诱敌深入,才诱使正方辩手更加毫不戒备地说出自己的观点,陈述了为了拥有精彩充实的人生,必须做到哪些事情。显而易见,正方辩手在得到反方辩手的认可之后明显疏忽大意了,所以在回答这个问题的时候,忽略了恋爱这件事情,也间接地证实了恋爱并不像他所说的那么重要。这样一来,反方辩手就以正方辩手的论点否定了正方辩手前面的观点,从而在辩论比赛中小胜一局。

假装糊涂是一个重要的环节。在辩论的过程中,真正高明的一方会在必要的时候假装糊涂,即使心中对于对手提出的观点并不完全认可,他们也会给予对方肯定的态度,这样他们才有机会引导对方继续说出核心观点,直到从对方的核心观点中抓住破绽,对对方进行反击,他们也就真正做到了扭转乾坤,反败为胜。

尤其需要注意的是,难得糊涂的目的不是把辩论比赛的成功拱手让与他人,而是在糊涂的过程中寻找他人说话的漏洞,寻找他人观念上的破绽,这样才能抓住千载难逢的机会,一招制敌。在辩论比赛中,难得糊涂是非常有效的方法,也会起到非常好的

第一章 幽默是语言沟通的增强剂,让谈笑风生成为习惯

效果,所以我们一定要多加练习,灵活运用。

随机应变,就坡下驴

说起"随机应变",大多数人对于这个词语的意思都有所了解。所谓随机应变,指的是随着外部情况的不断变化,采取灵活的策略,机智地应对。虽然随机应变说起来很容易,实际上,在真正的生活和工作中,没有人能够准确预料到意外情况的发生,因而每当发生意外或者面对突如其来的打击时,很少有人能够做到随机应变。从心理学的角度来说,必须具备很强大的内心,拥有良好的心理素质,拥有极强的应变能力,我们才能真正做到面对任何情况都临危不惧,保持淡定从容,从而及时应对,圆满处理。

现代社会,生活的节奏越来越快,工作的压力越来越大。在生活和工作的过程中,我们每天都要与形形色色的人打交道,也不得不面对很多意外发生的事情。在这种情况下,我们必须保持随机应变的能力。在面对突发情况的时候,如果我们不能做到灵活应对,圆满处理,那么我们的生活和工作就会变得一团糟。在

手忙脚乱的过程中，我们也会感到焦头烂额，手足无措。

除了要对生活和工作随机应变之外，在人际交往的过程中，我们也要能够做到随机应变，这样才能发挥幽默的能力，让自己成为谈话的主宰。有些人偏偏不能做到随机应变，这不是因为他们缺乏能力，或者水平不高，而是因为他们认死理，思维僵化，不懂得变通。陷入这样的思维困局，使他们不但思维僵化，行为举止也很僵化。在面对问题的时候，他们根本不能做到灵活处理。

古今中外，很多伟大的人物都是非常聪明的，面对任何情况都能做到随机应变。尤其是在遇到棘手的难题时，他们固然会想方设法地解决问题，一旦发现问题被卡在某个步骤无法继续向前推进时，他们就会及时地放下这些问题。俗话说，条条大路通罗马，面对任何问题都不可能只有一种解决办法。我们只有拓宽思路，采取发散性思维进行不同的尝试，才能让问题得以圆满解决。

尤其是对于那些致力于发挥幽默的魅力解决问题的人而言，在与他人沟通的过程中，所谓的随机应变，也包括借着他人谈笑风生的机会就坡下驴，帮助自己消除尴尬和难堪，从而让沟通进展得更加顺利。

爱因斯坦是世界上大名鼎鼎的科学家。很多地方都邀请他去

第一章 幽默是语言沟通的增强剂,让谈笑风生成为习惯

演讲。爱因斯坦一直奔波在各地演讲,非常疲惫,有的时候因为时间紧迫,他只能在车上练习演讲稿。作为爱因斯坦的司机,已经把爱因斯坦的演讲稿背得滚瓜烂熟了。有一次,他笑着对爱因斯坦说:"先生,我现在都对你的演讲稿烂熟于心了,我看,就算你让我去演讲,我也肯定没有问题。"

听到司机的话,爱因斯坦非常开心,他当即建议司机:"那可太好了,你就代替我去演讲吧。我昨天晚上一直在进行研究,所以没睡好,感到非常疲倦。我们今天要去演讲的地方是一个新地方,我们是第一次去那个地方演讲,所以那里没有人认识我。如果你能代替我演讲,我可以当你的司机,这样我的大脑至少可以得到休息。"爱因斯坦与司机一拍即合。司机到了演讲现场,非常流利地把演讲稿一字不差地背诵了出来。看到司机表现得这么好,坐在观众席里的爱因斯坦非常开心,他和观众们给予了司机热烈的掌声。

正在这个时候,有一个年轻的听众对司机的身份产生了怀疑。演讲才刚刚结束,这位听众就质问台上的司机,对司机提出了一个很难的问题。司机只是把爱因斯坦的演讲稿背诵出来而已,对于演讲稿中的内容,他可并没有进行研究呀,因而面对这位听众的刁难,他感到为难,根本不知道如何作答。但是,他丝毫也没有显出慌乱的样子。突然之间,他脑中灵光一闪,机智地对那位

听众说:"年轻人,你提的问题简直小儿科,根本不用来问我。你只要问我的司机,就能够得到正确的解答。"说着,真司机要求台下的假司机——爱因斯坦上台对年轻人的提问进行了回答,而他自己呢,则在观众热烈的掌声中体面地退场了。

司机能够把爱因斯坦的演讲稿一字不差地背诵出来,但是他对于爱因斯坦所进行的研究可是丝毫也不了解呀。所以对于这位年轻听众的提问,司机无从应对,幸好他是非常聪明机智也很富有幽默感的人,因而他把这个问题抛给了他的"司机",也就是真正的爱因斯坦,从而圆满地解决了问题。如果司机当时没有反应过来,目瞪口呆地站在演讲台上,不知道如何作答,那么他与爱因斯坦之间的小秘密就会被戳穿,就会影响爱因斯坦的声誉。

从本质上来说,随机应变的本质就是顺势而为,而不是故意给自己设置障碍。就像在这个事例中,司机顺着年轻人的提问,对年轻人做出了一定的顺应,并且让真正的爱因斯坦为年轻人解答问题,从而顺理成章地把问题还给了真正的爱因斯坦,还保全了自己和爱因斯坦的声誉。

很多人在与人沟通的过程中不愿意给他人留面子,也往往会伤害了自己的面子。其实,人与人之间的沟通和交流必须建立在互相尊重、平等的基础上。不管我们本身的成就是大还是小,对

第一章　幽默是语言沟通的增强剂，让谈笑风生成为习惯

方的地位是高还是低，我们既然与对方相处，就一定要真诚友善，即使对方提出尖锐问题，也要能够妥善处理和解决。

"就坡下驴"是民间的一句俗话，意思是说顺应形势而作出应变。在真正的辩论比赛中，辩论双方都具有很强的随机应变能力。面对真实的情境，他们必须进行有效的变通，这样才能坚持自己的观点，也才能及时地对对方的观点作出回应。

除了在辩论赛中要运用这样的幽默技巧之外，在日常的沟通和交流中，我们也可以运用随机应变的技巧。例如，夫妻之间正在进行交谈，说着说着气氛就剑拔弩张起来，妻子责备丈夫这些年来从未做出任何成就，并且说自己对丈夫早就失望了。丈夫如果和妻子吵闹起来，就会伤害夫妻感情。这个时候，丈夫可以顺势而为地对妻子说："你对我失望正好呀，等我表现好的时候，你就会非常惊喜，这还是意外的收获呢！"听到丈夫这样说，妻子啼笑皆非，这次争论也就不了了之了。

即使面对语言上的同一个问题或者障碍，只要采取不同的方式和态度去应对，就会起到不同的效果。在人际沟通的过程中，任何时候我们都不要把自己置于与对方对立的位置上，让彼此之间的关系剑拔弩张，这样只会导致双方都很尴尬。我们应该给予对方更多的理解和尊重，也应该给自己台阶下，这样才能在双方都有面子的前提下，与对方进行交流和沟通。

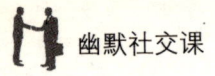幽默社交课

与其遮遮掩掩，不如坦诚相见

很多人都特别爱面子，他们希望自己在别人面前表现得完美，无懈可击，但是现实偏偏使人感到遗憾。大多数时候，我们并不能如自己所期望的那样表现得出类拔萃，往往会因为各种各样的原因使自己的表现出现瑕疵。在这种情况下，与其对自己的表现遮遮掩掩，不如采取坦诚相见的态度，这样反而能够营造良好的沟通氛围，让自己得到他人的理解和认同，取得良好的沟通效果。

很多人都做出过握拳打人的举动。在打人的时候，为了拥有更大的力度，我们直直地伸着拳头去攻击别人，并不能达到预期的效果。真正擅长攻击的人会先握紧拳头，把拳头往后再缩一些，这样才能够让拳头带着更大的力度打在他人的身上，从而起到最好的攻击效果。在人际交往中，这完全符合以退为进的明智策略。

表现在人际沟通的过程中，所谓的以退为进就是坦白地承认错误，不要试图推卸责任，而是要勇敢地承担起自己应该负担的

第一章 幽默是语言沟通的增强剂,让谈笑风生成为习惯

责任,这样反而能够在犯错或者是失败之际,树立起自己知错能改的形象。反之,如果明知道自己错了,却死鸭子嘴硬,偏偏要为自己狡辩或者挑剔和苛责他人,那么就会使人误以为是在故意逃避错误,故意推卸责任,从而使自我形象一落千丈,更加糟糕。

虽然人们常说理不辩不明,但是在很多情况下,时间最终会给我们明智的答案,而不是要靠着我们自己去为自己辩解。时间会让弥漫在真相周围的浓雾散去,让真相凸显出来。这个时候,我们此前承受的委屈和压力都会随之消散,我们自身也会得到最好的回报。很多参加过辩论或者是谈判的人都知道,在唇枪舌战的战场上情况危急万分,瞬息万变,每个人都在试图找出对方的破绽,从而说服对方接受己方的观点。这使得双方都想方设法地说服对方,最终的结果却是谁也说服不了谁。真正高明的幽默大师,在试图说服对方或者是战胜对方的时候会反其道而行,他们不会一开始就否定对方,严厉地打击对方,而是会先承认对方的论点是有道理的,然后再慢慢地引导对方接受自己的观点。这样不但能够起到良好的表达效果、沟通效果,还能够缓和现场的氛围,让沟通在更加和谐愉悦的氛围之中进行下去。

那么,在和他人之间进行沟通的时候,我们还要注意一点,即根据不同的对象采取有效的策略和方法。很多人不会因人制宜

地表达，他们只认为自己选取的表达策略是有效的，因而固执己见。实际上，沟通最终的目的是要起到良好的沟通效果，如果只是把沟通作为单方面的表达，那么最终的结果就会背道而驰。真正擅长语言表达的人不会把沟通看得很片面，而是会不忘初心，这样才能实现沟通最好的效果。

很多人在说话的过程中都喜欢弯弯绕绕，委婉曲折。对于那些不喜欢直白表达的人而言，这的确是一种很好的方式。但如果对方是火暴脾气、性格直爽的人，那么我们就不要以这样的方式惹得对方不耐烦，甚至会让沟通的效果完全相反。

周末，小雅和丈夫林峰一起去建材市场购买瓷砖，因为他们准备重新装修房子。他们在诺贝尔牌瓷砖的展示区前看得非常仔细，对于其中的两款瓷砖特别喜欢。这个时候，导购过来向他们介绍这两款瓷砖的特点。其实，在来建材城之前，小雅已经在网上了解了关于瓷砖的特性，做足了功课。因而当导购对她喋喋不休地说瓷砖的特点时，她有些着急起来。她对导购说："不如你就告诉我们那些最核心的内容吧！"导购却偏偏不理解小雅的意思，继续说道："我应该给您提供专业的服务，所以我会为您系统地介绍这款瓷砖的优点。"听到导购这么说，小雅有些厌烦地说："其实，我已经在网上了解了这款瓷砖的优点。现在，我只想知道它

第一章 幽默是语言沟通的增强剂，让谈笑风生成为习惯

有哪些不足，作为销售人员，你一定知道。"听到小雅这么说，导购人员特别迟疑，他吞吞吐吐，欲言又止。这个时候，小雅索性拉着丈夫走开了，她边走边说："我们去找一个痛快点的导购吧。我已经这么明确地说了我们的需求，他却遮遮掩掩，我可没耐心继续等待。"看到小雅和丈夫就要离开了，导购在情急之下对小雅说："其实，这款瓷砖的缺点就是釉面不是很厚。但是你们是家用，完全没问题。"

听到导购的话，小雅这才站在那里，说："我希望你后面都以这样的态度、这样的方式与我们沟通，就是一针见血。"听到小雅的话，导购不好意思地笑起来，说："对不起，是我有些啰唆了。这款瓷砖的不足就是釉面不是很厚，但是如果你们是把它用在家里，只要没有很重或者很尖锐的东西在瓷砖表面磕碰，是完全不会有问题的。"听到导购也一改啰唆的表达风格，说话言简意赅起来，小雅的心情才渐渐地好转。最终，小雅从这名导购的手中订购了瓷砖，导购开心极了。

俗话说，看菜吃饭，量体裁衣。这句话告诉我们，不管做什么事情，我们都要根据不同的对象加以区分，采取有效的策略和方式去应对。如果我们把一种策略或者方式放之四海而皆准，用来应对所有的人，那么这个策略所起到的效果就会不尽如

人意。

　　每个人都会有缺点和不足，每个东西也不可能只有优点。在这个事例中，导购原本遮遮掩掩，不想告诉小雅瓷砖的缺点和不足，但是却忽略了他的不真诚和坦率，最终会彻底失去小雅这个客户。眼看着小雅就要离开，导购这才横下心来说出了瓷砖的不足之处，对小雅坦诚相见。

　　正是因为导购分析了瓷砖的不足，也为小雅考虑到瓷砖使用的场景，小雅才会被导购说服，而购买这款瓷砖。反之，如果导购一直把瓷砖说得天花乱坠，没有任何瑕疵，那么导购与小雅之间的沟通就会出现很大的问题。

　　任何时候，真诚、坦率都是人际相处的基本原则。如果没有真诚与坦率作为人际相处的基础，那么人与人之间的相处就会面临很多困境，就会变得不甚愉快。所以我们一定要学会真诚坦率地面对他人，也要学会以友善的心和言简意赅的表达方式去与他人相处和沟通。

第一章 幽默是语言沟通的增强剂,让谈笑风生成为习惯

笑一笑,十年少

在语言沟通的各种场景之中,很多情况都会使人感到尴尬和难堪,不知道应该如何应对。例如,当他人对我们提出不情之请的时候,我们如何才能拒绝他人的请求,保护自己的权利和利益,而又不至于得罪他人呢?再如,面对他人犯下的错误,我们如何才能给予他人批评,又保护他人的自尊,让他人笑着接受我们的批评呢?这都是人际沟通的技巧和魅力所在。

和拒绝相比,批评是更容易引人反感的,毕竟人的本能是趋利避害,人人都希望得到他人的赞美和认可,而不希望被他人批评和否定。所以,我们要做的就是想方设法地让批评深入人心。既然如此,最好的方式就是学会幽默。当我们以幽默批评的方式为他人指出缺点和不足时,并且在嬉笑怒骂、和谐融洽的氛围之中告诉他人如何做才能取得更好的效果时,那么我们的批评就不会忠言逆耳。

具体来说,要想做到让他人笑着接受我们的批评,要想在人

际沟通的过程中与他人和谐友好地相处，我们就必须花费更多的功夫用于钻研表达的技巧。对于有些人，我们需要曲意逢迎；对于有些人，我们只需要言简意赅；对于有些人，我们必须委婉表达；对于有些人，我们却应该开门见山。不管面对哪种类型的人，当我们营造出幽默的效果，表达自己真实的意思时，他们就会更理解我们的一片苦心，也会相信我们能够做得非常好。

从本质上而言，当我们以幽默的方式批评他人时，非但不要攻击和打击他人，反而要能够表现出我们对他人的爱与尊重，也能够表达出我们对他人的激励之意。幽默的批评方法更容易使人心服口服。俗话说，要想劝服他人，就必须晓之以理，动之以情，幽默批评的方法恰恰起到了这样的效果。与此同时，幽默还能让每个参与谈话的人都面带微笑，发自内心地接受他人的意见，使得人际沟通更加融洽。

有位独居的老爷爷年纪大了，视力很差，又因为他从来没有上过学，不会写字，所以每当到了春节的时候，他只能去邮局，请求工作人员帮他写好明信片，然后再寄给他的那些亲戚朋友表示问候。

有一年，他来到邮局。因为快过年了，所以邮局非常忙碌，大家都在各司其职，做好自己的本职工作。老爷爷耐心地在一旁

第一章 幽默是语言沟通的增强剂,让谈笑风生成为习惯

等待着,等到邮局的工作人员好不容易不忙了,他才对一个工作人员说:"先生,请您帮我写好这些明信片,行吗?"说着,他拿出一张已经被折得皱皱巴巴,看起来因为陈旧而泛黄的纸片来。纸片上写着八个地址,听到老爷爷的不情之请,新来的工作人员有些不耐烦,但是他又没有办法拒绝老爷爷。这个时候,老爷爷身后还有别人在等着办理业务呢,所以他当即拿起笔来,把纸上的地址潦草地抄写到明信片上。

大概过去十分钟,他终于写好了八张明信片。这个时候,老爷爷又非常有礼貌地问:"年轻人,我还能再请你帮我写上一句话吗?很简短的一句话,真是太辛苦你了!"听到老爷爷这么说,邮局的工作人员只好无奈地点点头,问道:"还想写什么呢?"这个时候,老爷爷说:"请你给我在每张明信片上加上一句话——请原谅,字迹潦草。"老爷爷话音刚落,年轻人就满脸通红。他当即对老爷爷说:"老人家,实在对不起,今天有点忙。要不,我再帮你重新写一遍吧,正好我这里也有贺卡。"听到年轻人这么说,老爷爷忍不住笑了起来。

在这个事例中,看到年轻人把明信片写得乱七八糟,老爷爷其实是有些不满的。但是他没有直接批评年轻人,而是以这样的方式请求年轻人再写上一句话,委婉地表达出对年轻人的不满。

年轻人当然也意识到自己虽然帮了老爷爷的忙,却没有得到老爷爷的认可,所以感到特别羞愧。

虽然老爷爷的文化程度不高,却是一个运用幽默能力的高手。他以这样的方式委婉地批评了邮局的工作人员,并且告诉了邮局的工作人员,他对于把这样的明信片寄给亲朋好友感到非常羞愧。在这样的情况下,虽然老爷爷没有明确指出邮局工作人员的不足,但是却引导工作人员主动反思了自己的行为。正因为如此,邮局的工作人员才主动提出要帮老爷爷重新写明信片,这就是幽默的魅力。

当然,老爷爷这么说还营造了很好的幽默效果,使自己和工作人员都忍不住笑了起来。俗话说,笑一笑,十年少。笑一笑不但能够使我们保持年轻的心态,笑口常开,还能让我们变得更加宽容博爱。在遇到很多问题的时候,爱笑的人总不会与他人斤斤计较,这对于我们与他人进行交流是大有裨益的。

在现实的生活与工作中,我们常常需要面对各种各样的人,面对各种各样的事情。由于每个人的素质、品性与性格都是各不相同的,且每件事情的困难程度也是不同的,所以我们就会面对不同的情况。尤其是在与人相处的过程中,如果我们不能够更好地与他人沟通,那么就会导致很多小事儿变成不可解决的大矛盾,所以我们一定要善用幽默的能力,让很多事情都大事化小,小事

第一章 幽默是语言沟通的增强剂,让谈笑风生成为习惯

化了,也让人际关系更加和谐融洽。

  当然,未必每个人都能够恰到好处地发挥幽默批评的艺术,让受到批评的人发自内心地真诚微笑和真心接受。幽默并不是与生俱来的超凡能力,但是通过后天的努力,我们却可以提升自己幽默的水平。最重要的在于,不管是在生活中还是在工作中,我们都要努力提升自身的素质,提高自己的知识素养,并且要具有敏锐的观察力,具有强烈的共情能力,这样才能在人际相处中更好地理解和体谅他人,也能够以轻松幽默、宽容博爱的心态接纳他人。当我们坚持这么去做,就会掌握幽默的艺术,也能在人际相处的过程中有更好的表现。

第二章
幽默是唇枪舌剑的安定剂，让获胜轻轻松松

很多人误以为，在唇枪舌剑的战场上，我们必须与他人针锋相对，寸土不让，才能最终获得成功。实际上，如果能够选择以轻松的方式说服他人，在语言的辩论中获胜，那么我们又何必要把气氛搞得剑拔弩张呢？当我们善于发挥幽默的沟通技巧，那么唇枪舌剑就会变得一片和谐，我们也就能够在风平浪静的状态下与对方分出胜负。

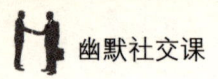 幽默社交课

懂幽默才能大事化小,小事化了

很多细心的朋友都会发现,在现实生活中,有些事情原本无关紧要,恰恰是因为面对这些事情的人都非常紧张,考虑问题的时候也总是从自身的角度出发,尤其是在进行沟通的过程中,常常以铿锵有力的语言试图击倒对方,这样就会使沟通剑拔弩张,气氛紧张。实际上,我们在生活中应该坚持大事化小、小事化了的原则,这样才能在面对很多危急的情况时,顺利地渡过难关。虽然大事化小,小事化了只是一句民间的俗话,但是却蕴含着为人处世的道理和智慧。我们要想拥有安宁平静的生活,要想岁月静好,就应该尽量减少生活中的矛盾和冲突。

需要注意的是,在面对这些矛盾和冲突时,采取大事化小,小事化了的态度并非意味着我们胆小甚微,总是害怕惹是生非。从本质上而言,这恰恰表达了我们向往美好生活的态度,也表明了我们为人处世的原则。如果我们一旦遇到小小的事情,就与他人针锋相对,就恨不得与他人一较高下,那么生活中就会充斥着

第二章 幽默是唇枪舌剑的安定剂,让获胜轻轻松松

各种矛盾和争执,甚至会有打闹等情况发生,把生活弄得鸡飞狗跳,这显然不是我们的本意。

俗话说,树欲静而风不止。生活中总是会有各种各样的事情发生,如果我们想让生活风平浪静,一帆风顺,显然是不可能实现的。我们真正要做的是端正自己的心态,让自己以宽容的态度面对很多事情,这样才能在解决这些事情的时候秉承公平、公正的原则,也才能把这些事情做得更好。

面对生活中无穷无尽的麻烦事,常常有人会为此而感到懊恼。实际上,这样的懊恼情绪完全没有必要产生。归根结底,每个人都要面对这些麻烦事,每个人都难逃生活的旋涡。有些人在处理各种各样的事情时总是能够做到游刃有余,而有些人在处理很多事情时却使自己深陷于苦恼之中无法自拔。我们只有找到真正的原因所在,才能解决问题。

如今,网络信息更新的速度和传播的速度都非常快,我们常常会看到很多人之间之所以会发生恶性事件,并非因为他们有着深仇大恨,而是因为那些不值一提的小事,而最终衍生出恶劣且无法挽回的后果。如果我们能够改变心态,深谙幽默之道,知道用幽默的方式消除矛盾,消除争执,那么就能实现皆大欢喜。

作为一名高中老师,林丹最近感到非常苦恼。因为随着孩子

们年级的提升，作业变得越来越多，所以班级里不能按时完成作业的学生也逐渐增多。林丹深知，现在的孩子们都非常自我，在家里都是"小公主""小王子"，得到全家人的关注，所以对于如何与孩子们沟通这件事情，不能简单粗暴，必须讲究方式方法，才能达到预期的效果。

思来想去，林丹决定采取幽默的方式和孩子们沟通。这一天，她和往常一样抱着作业本来到教室里准备给孩子们上课，才刚刚走到讲台上，她就郑重其事地后退了几步，又朝着左侧移动了几步，避开了讲台的遮挡，然后郑重其事地给同学们鞠了一躬。看到老师这样的行为和举动，同学们都是丈二和尚摸不着头脑。这个时候，林丹耐心地对同学们说："在这里，我必须真心地感谢同学们对我的关心和照顾。"听到老师的话，同学们更加好奇了，很快就交头接耳，议论纷纷。

林丹正等着同学们针对此事进行沟通呢，就在同学们的议论声嗡嗡如同要掀翻教室屋顶的时候，她才解释道："我们班里有40多名学生，但现在每天我只需要改20多份作业。看来大家都知道老师课业繁重，非常辛苦，所以你们是不是协商好了要为我减轻批改作业的负担呢？有你们这样贴心的学生，我感到非常欣慰。不过，我要告诉大家的是，因为作业数量太少，我常常会闲得无聊。尤其是在看到其他班的老师都在俯首批改作业的时候，我更

第二章 幽默是唇枪舌剑的安定剂，让获胜轻轻松松

是觉得很羞愧。我们拿着同样的工资，我却只做大家一半的活儿。为了避免我这样继续尴尬下去，希望大家能够积极地完成作业，从现在开始不要再为我考虑了。毕竟为师我还很年轻，还是有力气可用的。"老师话音刚落，同学们就哈哈哈地笑了起来。从此以后，不能按时完成作业的同学越来越少了，大多数同学都能够保质保量地在规定时间内完成作业。就这样，在笑声中，老师成功地解决了同学们不能完成作业的老大难题了。

正是因为采取了幽默的方式与同学们进行沟通，林丹才能在笑声中为同学们指出缺点和不足，让同学们积极地进行改进。反之，如果林丹在班级里大发雷霆，对于那些没有完成作业的同学严厉批评，甚至惩罚他们，那么就会伤害孩子们的自尊心，使孩子们故意与老师对着干。

不管从事什么行业或者做什么职业，都不可能一帆风顺。哪怕只是一名在家庭生活中负责家庭生活的主妇，也同样需要与家人和亲戚朋友们相处。在这样的情况下，一定要掌握幽默表达的方式，才能化解各种各样的争执与矛盾，才能让事情朝着自己预期的方向顺利发展。

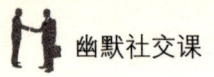

指桑骂槐，拐弯抹角

虽然开门见山、单刀直入是最言简意赅、一针见血的表达方式，但是在社会交往的过程中，很少有人能够完全做到直来直去、一言蔽之，毫无保留地向他人诉说自己真实的心意。这是因为如果都毫无保留地表达自己的意见和态度，那么就会在不知不觉间伤害自己周围的人，尤其是会使自己与他人的相处出现很多问题，面对很多障碍。

在现实的人际交往中，很多人都会刻意地避开与他人进行正面交锋，尤其是当我们所面临的谈话对象是心思细腻、感情敏感的人时，就更是要采取迂回曲折的策略与对方进行沟通。在这种情况下，如果有一些话不方便直截了当地表达出来，那么我们可以换一种方式表达，或者以隐晦的方式暗示对方，让对方主动领悟到我们的意思。

如果只是普通的沟通尚且还好，毕竟彼此之间的利益关系没有那么深入，但是如果在试图说服他人的时候面对尴尬的话题，

第二章 幽默是唇枪舌剑的安定剂，让获胜轻轻松松

或者是在辩论的过程中需要说服他人，那么我们就要使出浑身解数来才能达到自己预期的目的。在各种各样委婉隐晦的表达方式中，指桑骂槐、拐弯抹角，都是在对他人表达负面评价时需要采取的有效措施。

所谓指桑骂槐，并不是说我们真的要去骂对方，而是说我们借着说他人的机会提醒对方。需要注意的是，这里有两个沟通的对象，一个是桑树，一个是槐树，那么我们真正想说的人是谁呢？并不是桑树。我们指着桑树骂，是因为我们想说槐树，所以我们应该知道自己真实的意图，才能把指桑骂槐的策略运用得恰到好处。

指桑骂槐恰恰印证了拐弯抹角的沟通原则。和直截了当、开门见山的沟通原则相比，指桑骂槐带有迂回曲折的意味，所以对他人的伤害力并不会那么大。而且，当对方足够聪明，可以领悟到我们的真实意图时，虽然我们没有直接说他们，但是他们却知道我们对他们的意见和态度，也就会积极地改善自己的行为举止，争取让自己与我们之间相处更加愉快。

最近这段时间，作为一家大型企业的副总，张总的主要工作就是在谈判桌上与所要收购的小型企业负责人进行斡旋，针对一些谈判的问题不断沟通。今天，他们正在与一家小型企业进行最

后的谈判，因为他们与这家小型企业已经谈判了很长时间，对于一些重要的条款都达成了共识。但是，在谈判的过程中，这家小型企业突然改变了意愿，提出了更高的要求。发生这样的变故，张总非常生气，但是他并没有当即表现出来。

在谈判过程中，他假装接了一个电话。接完电话回来之后，他对小型企业的负责人说："实在对不起，我刚刚接了个电话，这个电话安排我下午去与另外一家企业进行谈判。所以，我们的谈判必须速战速决。"听到张总这么说，小企业的负责人明显地感受到了压力。

这个时候，张总继续说道："其实，这家小型企业之前已经跟我们谈判过好几次了，针对很多问题都达成了共识。但是他们出尔反尔，目光短浅，最终把与我们谈好的条件又推翻了，提出了更加苛刻的要求，所以我们当即就拒绝了他们。现在半年过去了，他们走投无路，又来寻求与我们合作。原本我是不想去见他们的，但是没办法，我也是个打工仔，是帮老板办事的。老板既然给我打电话安排工作，我就只能服从安排，所以咱们要在12点之前结束谈判。因为，我12点就要出发去那家小企业。"

听到张总这么说，小企业负责人的脸上明显表现出紧张的神色。他想到自己与张总的谈判也进行了很长时间，而且针对很多细节问题也已经达成了共识。原本，他还在考虑是否要提出更多

第二章 幽默是唇枪舌剑的安定剂,让获胜轻轻松松

的附加条件呢,这个时候,他生怕张总一旦离开就不愿意再与他们继续谈判了,那么他们此前付出的所有努力就全都白费了。想到这里,他们很痛快地答应了张总提出的折中请求,顺利地与张总签约。凭着指桑骂槐的谈判技巧终于啃下了这块硬骨头,张总高兴极了。

在这个事例中,张总其实对于小企业反悔的行为非常不满,所以他假借接电话的机会说出来对另外一家企业的态度,使这家小企业的负责人想到了自己所在的公司在行为和决策方面存在的明显不足,因而做出让步。我们现在无从得知,张总接到的那个电话是真的还是假的,但是有一点可以肯定的是,经过这样的指桑骂槐,这家小企业的负责人就不会再对张总提出不情之请了,而是会和张总一样致力于推进他们之间的合作。

指桑骂槐的运用场景通常都有一个特点,那就是表达者不能直接与当事人进行良好的沟通。当沟通进入瓶颈阶段,无法继续向前推进的时候,表达者就要走"曲线救国"的道路,虚拟出或者是真正地找出一个指桑骂槐的对象。在此过程中,为了增强交谈对象的信任度,还可以把此前真正发生的事情列举出来,讲给交谈对象听。这样一来,交谈对象就不会继续提出苛刻的要求,因为毕竟他们也是想要促成交易达成的。

41

总而言之，对于那些想说又不好直接说出来的话，我们都可以采取指桑骂槐的方式去表达。我们指桑骂槐的对象中，桑树可以是真正有的，也可以是我们虚拟出来的。其实，我们的目的只是要让槐树知道我们的为难之处，也让槐树了解我们的矛盾心理，从而及时地作出调整，促使谈判达成，这才是关键所在。

后发制人，也能获胜

一直以来，人们都主张要先发制人，认为这样才能占据优势，也才能占据主动的姿态，做出很多果断有效的措施。实际上，在谈判场上，形势总是瞬息万变的，有的时候只要有小小的不慎，就会导致整场谈判彻底失败。与其一味地追求先发制人，不如大智若愚，学会看准时机后发制人，这样反而能够出其不意，攻其不备，获得胜利。

很多人看似非常健谈，希望通过主动攻击的方式与对方进行更好的较量。其实，他们对此的想法是完全错误的，这是因为善于沟通的人都知道言多必失，祸从口出，所以他们不会迫不及待地表达。对于任何人而言，当滔滔不绝地说出很多话的时候，很

第二章　幽默是唇枪舌剑的安定剂，让获胜轻轻松松

容易就会暴露自己的弱点，使自己陷入被动的局面之中。所以在谈判的时候，我们既要看准时机先发制人，凭着激情来击败对手，也要学会后发制人，凭着幽默为自己做好铺垫，在关键时刻一招制胜，扭转局面。毕竟谈判并不是一个如同一加一等于二那么简单的数学题，而是需要在不断博弈的过程中一较高下的。我们唯有端正的心态面对拉锯战，才能在与对方展开拉锯的过程中，认真地审视各个环节，才能让谈判更顺利地进行下去。

俗话说，心急吃不了热豆腐。这句话虽然糙，但是理却不糙，告诉我们有很多事情急是急不来的。对此，古人也有同样的见解，即欲速则不达。虽然我们很多时候心急如焚，迫不及待地想要解决问题，但是却会发现自己越是慌张地想要做成一些事情，反而越是会距离预期的目标越来越远。这是因为速度与质量很难齐头并进。为了避免无谓的损失，我们要看准时机再采取行动，而不要在时机不成熟的情况下，急急忙忙地采取行动，这样反而会导致事与愿违。

快与慢之间的关系是相对的，有的时候快就是慢，如果方向选错，快导致了相反的效果，那么快就是慢；有的时候慢就是快。所谓慢工出细活，当我们能够以慢速来提升质量，也以慢速来把握机会，我们就可以顺利地实现后发制人。

在古代战场上，以慢制胜的战略布局是非常有效的。同样，

既然谈判场也和战场一样剑拔弩张，时机瞬息万变，那么我们可以把以慢制胜的策略转移到谈判中来。

那么，具体来说，后发制人有哪些好处呢？首先，后发制人可以采取幽默的方式进行铺垫，让对方从心理上不再对我们满怀警惕。如果对方处于非常警惕的状态，那么我们语言上的任何风吹草动，都会使他们作出及时的应对。但是，如果我们反应得很缓慢，那么我们就能以此为机会让对方相信，我们并不像他们想象中那么强大。

其次，后发制人还能诱敌深入。很多人都喜欢看武侠书，也知道太极拳法的一大特点就是非常慢。其实，太极拳法的本质就在于以慢速来诱使对方先出招，根据对方的招数，我们再作出随机的应对，从而获胜。显而易见，在谈判场合中，如果我们始终滔滔不绝地讲话，那么他人就会通过我们的语言表达更加了解我们。俗话说，知己知彼，才能百战不殆。我们要做的不是把自己完全暴露在对手的目光之下，而是要更深入地了解对手，这样才能战胜对手。

最后，后发制人还有助于制怒。在很多谈判的场所里，因为语言上的博弈，很多人都无法控制好自己的愤怒。毕竟在唇枪舌战、你来我往的博弈中，人们的天性会占据上风，在冲动的状态下，理智会变得越来越弱。对于这种情况，让自己慢起来，反而

第二章 幽默是唇枪舌剑的安定剂,让获胜轻轻松松

是非常有好处的。

总而言之,不管从哪个方面来说,后发制人都是谈判场上的一个极佳策略。我们在采取后发制人的策略时,还要注意防范对手,虽然我们必须要想到,即使我们掌握了很多谈判的技巧,也并不意味着对方就是谈判的小白。有的时候,我们面临的对手在经验上比我们更加丰富,在策略上比我们更加高明,所以我们要想以慢取胜,以慢制人,就应该发挥幽默的魅力,让幽默帮助我们达到预期的目的。

张权大学毕业后进入了一家日化品销售公司担任销售员,经过几年的努力打拼,凭着出色的业绩,他终于做到了分公司经理的职务。在到分公司之后,他才发现自己作为空降兵并不能顺利地上岗。这是因为在工作岗位上,他对于下属的威信很差,下属们团结起来不愿意接受他的调遣。面对这样的困境,张权决定想办法解决问题。

有一天,一位销售总监因为一些工作上的问题与张权发生了争执。他们互不相让,你一句我一句,当争辩的局面越来越激烈时,销售总监突然话锋一转,问张权:"张总,您知道世界上最锋利的东西是什么吗?"听到销售总监话锋急转,提出这样的问题,张权一时之间不知道如何回应。这个时候,那个销售总监得意扬

扬地说:"你的胡子呀!如果你的胡子不那么锋利,如何能从你这样的厚脸皮之中钻出来呢?"

听到销售总监的话,同事们全都忍不住笑了起来。这个时候,张权非但没有生气,反而情不自禁地用手摸了摸自己的胡子。他从容地说道:"的确,我的胡子是很锋利。但是,你知道你为什么不长胡子吗?是因为你的脸皮是最厚的。"听了张权的回应,其他同事大气都不敢出,面面相觑,心里却都特别敬佩张权聪明机智,随机应变,后发制人。最终,张权以灵活机智、从容幽默的为人,终于在分公司里站稳了脚跟。

在这个事例中,张权明知道对方是在讽刺、挖苦自己,但是他作为销售总监的上司并不能跟销售总监展开对战,所以他就巧妙地以子之矛攻子之盾,以对方的理论嘲讽对方,使对方哑口无言。不得不说,张权的幽默堪称最高级的幽默。

在谈判桌上,不同性格的人会有不同的表现,在不同的情境中,谈判的呈现方式也是不同的。有些谈判者咄咄逼人,使谈判的气氛剑拔弩张;有些谈判者娓娓道来,就像在与对方和气地聊天,说着家长里短。不管是哪种形式的谈判,我们都要始终保持头脑的清醒,这样才能作到理智应对。正如前文所说的,不管对方如何说出挖苦的话,试图激怒我们,也不管对方采取怎样的策

第二章 幽默是唇枪舌剑的安定剂，让获胜轻轻松松

略，试图挫败我们，我们都要坚持以不变应万变的这条原则。适当的时候，我们要学会装糊涂，用幽默的语言蒙蔽对方，让对方对我们放松警惕。这个时候，我们正好可以抓住谈判的最佳时机，对对方进行反击，从而增强胜算的可能。

反问式的幽默，把"雷"还给"敌人"

古今中外，很多伟大的人都给予了幽默至高的评价。列宁作为俄国革命的先驱者，对于幽默的评价也是非常高的。他说，幽默是一种宝贵的品质，也是一种健康的品质。此外，还有名人说过，一个人如果不懂得幽默，那么他就没有前途和希望可言。不得不说，幽默是智慧的最高表现形式，一个人要想恰到好处地运用幽默的技能，发挥幽默的魅力，就必须拥有丰富渊博的知识和强大的内心素质，这样才能真正地成为幽默的人。

如果已经练习了很多幽默的技巧，也知道在怎样的情况下可以运用幽默，那么，如何才能最大限度地发挥幽默的效果呢？这就需要我们洞悉幽默的本质。很多朋友都喜欢汉语言文学，也知道中国的汉字博大精深，中国汉字的运用复杂多变，尤其表现在

幽默社交课

很多种不同种类的组合类型和句式上。在这些句式之中,反问句所起到的作用是最为强烈的,表达的效果也是最为鲜明的。所谓反问句,就是以提问的方式表达与字面完全相反的意思。在反问句中,幽默起到的作用不容小觑,只要能够恰到好处地运用反问句,我们就可以让幽默发挥更强大的作用。

在欧洲,犹太人曾经饱受歧视。其他种族的人在见到犹太人的时候,总是会想方设法地嘲笑、讽刺和挖苦犹太人。对于这样不公平的对待,犹太人作为世界上很聪明的民族,当然想要进行反击。但是因为自身的能力还不足,又因为生存的情况非常窘迫,所以他们在短时间内并不能维护自己民族的权益,但是这并不意味着他们是逆来顺受的。

有一次,德国柏林的一位犹太人购买了二等车厢的火车票,想要搭乘火车到达慕尼黑。也许是因为匆忙,他没有看清车厢的号码,就跟随拥挤的人群进入了头等车厢。列车刚刚出发没多久,列车员就来查票了。看到犹太人,列车员当即要求犹太人出示火车票,犹太人不知道自己坐错了车厢,马上就把车票展示给列车员看。列车员拿着犹太人的车票,撇着嘴问道:"你是犹太人吧?"听到这样饱含歧视的询问,犹太人点点头,并没有说话。这个时候,列车员把火车票举起来放在犹太人的眼前,质问道:"那么请

第二章 幽默是唇枪舌剑的安定剂，让获胜轻轻松松

问，你明明买的是二等车厢的火车票，为何非要赖在一等车厢享受优厚的待遇呢？"

听到列车员的话，犹太人非常生气。他当即质问这名列车员说："难道我买了二等车厢的火车票，还要去三等车厢，享受三等车厢的优待吗？"犹太人话音刚落，车厢里的人就都哈哈大笑起来，大家还纷纷为这个机智的犹太人鼓掌呢！后来，犹太人拿着车票去了二等车厢。他感到自己扬眉吐气了，非常开心。

毋庸置疑的事实是，犹太人因为着急而坐错了车厢。但是即便如此，列车员也不应该歧视和侮辱犹太人。这位犹太人是非常聪明的，他当即用反问式的幽默偷梁换柱，虽然他知道列车员的意思是他应该坐二等车厢，而不应该坐一等车厢，但是他用强烈的语气反问列车员的话，把列车员的质问曲解为让他去坐三等车厢，这样一来，他很充分地表达了自己的生气和不满，也给了列车员强有力的回击，让列车员感到很尴尬。

在日常的表达中，反问句式是一种语气强烈的表达方式。例如，以反问的方式质问对方，既带有疑问句疑问的意味，又带有感叹句感叹的激情，使得对方无从反驳。再如，通过反问句式表达幽默，我们还可以把别人踢给我们的难题踢还给别人，使别人也感到措手不及，无从应答。

还需要注意的是，在使用反问式的幽默时，我们应该对于效果有一定的预期。很多人不分青红皂白就使用幽默的方式。看起来，他很喜欢幽默，也很善于发挥幽默的技能，但实际上，幽默是一场有预谋的语言秀场，不是无目的地展示自己的语言能力。古人云，凡事预则立，不预则废。那么，既然要采用情绪强烈的反问句式表达幽默，我们就更需要先进行一定的规划，才能把反问句的幽默能力表达得恰到好处。

弦外之音，助你扭转败局

欧阳修在《醉翁亭记》中写道，醉翁之意不在酒，在乎山水之间也。这句话告诉我们，喝酒的人并不是为了喝酒，而是因为沉迷于美丽的山水景色之中，所以才会酒不醉人人自醉，不得不说，从古至今，这句话是最有意境的弦外之音。在与人沟通的过程中，如果我们也能够恰到好处地运用弦外之音，表达自己的言外之意，那么在与他人沟通的过程中，就会更加准确到位地表明自己的意思。

说起弦外之音，很多人可能不理解。直白地说，弦外之音就

第二章 幽默是唇枪舌剑的安定剂,让获胜轻轻松松

是话里有话。老百姓常常以"话里有话"形容一个人说话的时候别有深意。作为听众,我们要了解他人话中的深意;作为表达者,我们要发挥语言的弦外之音,才能让语言表达起到更好的效果。

在与他人沟通的过程之中,弦外之音的运用是很广泛的。例如,我们面对一个固执的交流对象,只想说服对方,让对方接受我们的观点,效果往往不能如愿。这个时候,我们应该采取曲线救国的策略,以弦外之意来表达我们真实的意思,但是却又不直接告诉对方我们的真实意图,这样对方就可以主动领悟我们的意思,把我们的意思变成他们的主观意愿表达出来,因而他们会更愿意接受我们的观点。

在有一些场合里,人际相处是非常尴尬的,有些话不能直接说出来,因为一旦说出来很容易引起他人的误解。在这种情况下,我们就要对他人进行旁敲侧击,让他人知道我们的话别有深意,从而主动思考我们话中所蕴含的深刻含义。这对于与他人进行更顺畅的沟通是至关重要的。

尤其是当沟通进行到白热化阶段时,任何的不慎都有可能导致沟通前功尽弃。在这种情况下,我们表达弦外之音不但能够消除现场尴尬的气氛,甚至能够扭转败局,这当然是一举两得的好事情。

一直以来,在辩论界,对于愚公移山这个历史典故,很多人

都持有不同的观点。有人认为要发扬愚公移山的精神，也有人认为愚公移山得不偿失，很不划算，所以提出了更为直截了当的方法——搬家。在辩论赛中，对愚公移山这件历史事件进行辩论的时候，又应该如何来反驳对方的观点呢？

有一次，在针对愚公移山进行辩论的过程中，正方辩手坚持愚公应该移山，并且号召大家都学习愚公移山的精神。但是，反方辩手却认为愚公移山是非常愚蠢的做法，与其选择移山，还不如选择搬家呢。

辩论进行得非常激烈，正方辩手反问反方辩手："请问对方辩友，你们认为愚公应该搬家。那么如果你们家门口正好有一座大山，那么你们是不是会搬家呢？"

反方辩手当即回答道："当然，我们可不会像愚公那样选择移山，投入与收获不成正比。我们会选择搬家，因为搬家比移山更划算。"

正在这个时候，正方辩手突然夸张地叹了口气，无奈地耸了耸肩，摊开双手说道："如果大家都按照你们这么想，我国就不会修建入川入藏的铁路了。那么即使到了现在，川藏地区也没有很顺畅的交通吧。"

正方辩手的这几句话，把反方辩手说得哑口无言，无从应对。

第二章 幽默是唇枪舌剑的安定剂，让获胜轻轻松松

正方辩手的这句反驳是非常有力的，他们原本把关注点集中在愚公是否应该移山上面，但是他们的思维跳跃度非常大，所以他们从古代跳跃到现代，也从愚公移山这件事情联想到了修建入川入藏的铁路，从而告诉反方辩手，人应该战胜大自然，而不是逃避问题，更不能让问题始终遗留在那里。

从某种意义上来说，正方辩手也采取了顾左右而言他的表达方式。在辩论的场合中，这样的方式是非常有效的，它能够迷惑对手，让对手在不知不觉间就进入自己设定的思维之中，也给出自己想要的破绽，从而做到一招制胜。我们在运用弦外之音的时候，需要注意不要被对方的弦外之音打击到，尤其是在对方突然提出看似与辩论话题无关的那些话题时，我们更是应该要保持警惕，而不要认为这些话题与自己毫不相干。因为说不定对方辩手已经挖好了一个坑，正等着我们往里跳呢！

为了营造幽默的效果，很多时候我们只需要运用单一的幽默技巧，但是在运用弦外之音的时候，我们需要涉及很多的幽默技巧。例如我们前文所说到的一语双关，就可以运用在弦外之音中，也能够增强弦外之音的幽默效果。

巧妙反击，化解尴尬

人与人相处并不总是和谐愉快的，有的时候难免会发生一些让人感到尴尬和难堪的事情。在这样的情况下，当事人总是恨不得找个地方钻进去，或者逃得远远的，不想面对这样的窘境。然而，这只是当事人一厢情愿的想法而已，因为地上从来没有缝可以让人钻进去躲避尴尬。在这种情况下，与其一味地逃避让自己变得更加狼狈不堪，还不如勇敢地面对，以幽默的方式为自己消除尴尬，这才是正道。

那么，有哪些方式可以用幽默来化解尴尬呢？其中，最有效的一种方式就是自嘲。很多人都不愿意嘲讽自己，偶尔被别人嘲讽，他们还会勃然大怒，与别人发生冲突。不得不说，这样的极端反应往往会起到事与愿违的效果。实际上，越是在尴尬时刻，我们越是应该表现出宽容大度的胸怀。有的时候，面对他人的质疑，如果能够以适度的幽默进行解释，远远比极力为自己辩解的效果更好。要想做到这一点，就要保持清醒和理智，也要以轻松

第二章 幽默是唇枪舌剑的安定剂,让获胜轻轻松松

幽默的语言调侃自己,这样才能彰显自身的人格魅力,也才能以幽默的气度征服他人,获得他人的认可与赏识。

刘伟是一个非常有绅士气派的男性,不管在哪里,只要遇到女性,他都会遵循女士优先的原则,哪怕他所面对的只是陌生女性。周末,刘伟要去商场里为自己选购西装。当来到商场大门的时候,他发现有一位年轻漂亮的女性和他同时到达了门口。这个时候,刘伟当即向前一步打开了商场的大门,但是他并没有离开,而是示意女士先进。见此情形,女士丝毫也没有领情。她看了看刘伟,还以为刘伟是一个轻浮的登徒子呢,居然不假思索地对刘伟说道:"虽然我是女人,但我并不需要你来为我开门。"

看到女士极具攻击性,刘伟并没有因为好心不得好报而感到懊恼,他当即笑着对那位女士说:"这位女士,我想您想错了。我并不是因为您是女士就为您开门,我只是因为我是男士所以才开门。"听到刘伟的回答,女士感到很羞愧,只得以笑容来掩饰自己的不安,而且一连声地对刘伟表示感谢。

发生了这件事情,女士主动留了刘伟的联系方式。后来,他们不但保持了联系,还成了非常好的朋友呢!

有的时候,好心未必会得到好报,我们未必会得到别人的理

解。在这个事例中,刘伟之所以被女士曲解,就是因为他的绅士行为在社会生活中并不普遍。在这样的尴尬时刻,刘伟并没有感到懊恼,也没有抱怨女士不理解他的绅士表现,反而以幽默的方式解释了自己这么做的原因,也为自己赢得了女士的好感,可谓一举数得。

人们常说,生活不如意事十之八九。现实生活中,的确会发生各种各样让我们不那么开心和高兴的事情。与其愤怒地面对,不如怀着幽默微笑着面对,这样才能化解窘境,才能获得自己想要的结果。当一个人表现出幽默的特质时,他并不是在以幽默对待他人,而是在以幽默对待自己。一个人唯有以幽默解开自己的心结,并且以幽默帮助自己,与他人更顺利地沟通,才能在幽默的过程中产生更强大的力量。

大名鼎鼎的哲学家苏格拉底就是一个非常幽默的人。他的妻子性情非常暴躁,总是不分时间场合地让苏格拉底感到难堪。

有一次,苏格拉底正在与学生们讨论一个重要的学术问题,他的妻子突然冲进来,对着他破口大骂,还提着一桶凉水浇到他的身上。对于这样突如其来的难堪,学生们都不知道如何应对,这个时候,苏格拉底却笑着说:"打雷之后肯定是会下雨的,同学们,你们可一定要记住这个道理。"苏格拉底话音刚落,大家就哈

第二章 幽默是唇枪舌剑的安定剂，让获胜轻轻松松

哈大笑起来。他的妻子原本正在盛怒之下，居然也忍俊不禁地笑了起来。

只有像苏格拉底这样的大师级人物，才能够在当着学生的面陷入这样的窘境时，依然保持着幽默的风度。作为普通人，我们也应该学会幽默，并且坚持理性地面对各种难堪的问题，从而才能化解自己的尴尬。总而言之，幽默是生活的调味剂，幽默让我们原本枯燥的生活变得生动有趣，也让我们原本紧张压抑的心情瞬间放飞。我们不但可以以幽默来愉悦他人，更重要的是要在愉悦他人之前先愉悦自己。

第三章
幽默是演讲舞台的强心剂,让你妙语连珠口吐莲花

没有谁愿意与满脸严肃、苦大仇深的人进行沟通,反之,人人都愿意倾听那些富有幽默感的人说话。尤其是在公开的场合里,富有幽默感的人只要开口说话,总是能够把欢乐带给大家,逗得大家哈哈大笑。有的时候,哪怕他们说错了话,或者是意外地陷入尴尬和难堪之中,也能够通过幽默的方式消除难堪和尴尬,从而牢牢地吸引听众。

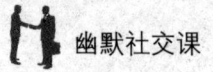 幽默社交课

凡事有备无患

对于幽默，每个人都有自己的理解。自古以来，很多人都对幽默仁者见仁，智者见智。幽默与玩笑不同，与一味地迎合他人不同，与尖酸刻薄不同，幽默是智慧的最高表现形式，幽默的人总是非常亲切，待人诚恳。最重要的是，他们懂得人情世故，具有极高的情商，能够在与人相处的时候给人以如沐春风之感。幽默并不是与生俱来的超凡能力，幽默需要我们提前做好准备，提升自己的知识素养，增强自己的心理素质，怀有宽容博爱的心对待他人。唯有如此，我们才能做到凡事有备无患。如果说在私下的沟通场合里，幽默所起的作用还没有那么明显，那么在当众表达的时候，幽默就会让我们口吐莲花、妙语如珠。

当面对陌生人的时候，我们发挥幽默的能力，可以消除与陌生人之间的隔阂感，拉近与陌生人的关系，很快地与陌生人产生互动。当面对那些熟悉的人时，我们要想拉近与他们之间的关系，与之建立良好的互动，除了要找到彼此之间的共同点之外，也要

第三章 幽默是演讲舞台的强心剂，让你妙语连珠口吐莲花

能够以幽默打开对方的心扉，成功地迈出交往的第一步。

人的本能就是趋利避害，人人都喜欢在轻松愉悦的环境中生活和工作，都希望让自己尽量不要处于尴尬的困局之中。这就要求我们不管是对陌生人还是熟悉的人，都要宽容理解和体谅。尤其是在面对僵局和困境的时候，我们更是要适时适度地幽默，这样才能让自己和他人感到非常愉快。

在进行沟通的时候，我们要想真正地以幽默征服对方，就要做足准备。所谓有备无患，说的就是这个道理。虽然在很多情况下，我们要在特定的情境中及时地作出反应，发挥自己的幽默能力，但是如果可以预先筹谋，我们还是要提前作好准备，这样才会有更大的胜算。

参加辩论赛要预先准备好辩论稿，重中之重是要为自己准备一个幽默的开场白。心理学领域第一印象原理，指的是一个人对他人的第一印象往往决定了他对他人真正形成的印象。在演讲的过程中，我们只有成功地说出开场白，才能让整场演讲取得成功。反之，如果我们毫无准备，在开场的时候就讲得非常枯燥乏味，无法吸引听众的注意，那么听众就会对我们的演讲失去兴趣。即使我们在演讲的后半部表现得非常好，说出了很多精彩的言论，也依然无法引起听众的兴趣，还会使演讲的效果大打折扣。

正如人们常说的，只有拥有好的开始，才更容易获得成功。

当我们精心准备的开场白充满幽默的力量，成功地吸引了绝大多数听众，我们就会拥有一个成功的开始。尤其是在听众们忍俊不禁哈哈大笑的时候，他们更会对演讲留下深刻的印象，也会情不自禁地喜欢上演讲的人。很多成功的演说者之所以能够在演说领域获得伟大的成就，与他们在演讲之前不遗余力地准备开场白是密切相关的。开场白是非常短暂的，也许只有一句话，或者只有几句话。越是短小精悍的开场白，就越是要非常用心地琢磨凝练其精华。

　　作为一名婚恋专家，张恒虽然已经结婚15年了，但是依然与爱人之间保持着相敬如宾、举案齐眉的感情。每次到外面参加演讲的时候，张恒总是侃侃而谈，吸引听众的注意。即使演讲结束之后，很多听众也不愿意离开，还想向张恒请教。那么，张恒的演讲为何如此成功呢？这与他独特的演讲模式与个人魅力是密不可分的。

　　这个周末，张恒来到一座城市里进行演讲。这次演讲的规模很大，听众坐得密密麻麻，把一个超大的礼堂都坐满了。不过，张恒已经久经沙场了，他丝毫不担心自己的演讲能否取得成功。他很清楚，要想在第一时间吸引大家的注意力，就必须有一个非常独特的开场白。经过一天的思考，张恒决定这次的开场白必须

第三章 幽默是演讲舞台的强心剂,让你妙语连珠口吐莲花

与众不同。

演讲的日子到了。张恒走到演讲台上,和台下的观众打过招呼之后,说道:"说起婚姻,相信很多人都感到非常好奇。那么大家可以看一看我的体形,我已经结婚15年了,我和大多数男性结婚之后就发福不同,我的身材保持得非常好,甚至比我没有结婚之前更加苗条。这到底是为什么呢?这是因为我和夫人在结婚的时候相互约定,我不会因为任何问题而跟她吵架。如果我感到内心苦闷,我就会外出散步,等到消除了怒气,我才会回家。大家看看吧,事实证明,我15年来每天都践行着外出散步的承诺,而且每次出去散步时间都很长,所以我才不需要减肥呀!"

有了这样的开场白,他们对于张恒的演讲特别感兴趣,全都瞪大了眼睛,目不转睛地看着张恒,全都侧耳倾听,生怕错过张恒讲述的婚姻秘诀。最终,张恒的这场演讲取得了空前的成功。

一个好的开场白可不是随意编造出来的,而是要绞尽脑汁,结合当地听众的特点,结合自身演讲的与众不同之处,才能打造出来的。好的开场白可以成功地吸引听众们的关注,也可以让听众们在倾听演讲的过程中始终保持着热情。根据演讲的内容不同,开场白的形式和内容也应该有所不同。例如,有些演讲的内容很

严肃，那么利用风趣幽默的开场白就可以综合严肃的风格，让听众们的内心感到更加轻松。再如，有些演讲的内容轻松活泼，那么我们也可以利用开场白来适度收敛观众的情绪，让观众更认真地倾听。

总而言之，不管采取哪种形式的开场白，都不要忘记幽默的主题，这是因为幽默能够给人们带来笑声，给人们带来喜欢，吸引人们的关注，逗得人们哈哈大笑。与此同时，听众还会特别重视演讲的内容。从这个意义上来说，当我们成功地说出了开场白，逗得观众哈哈大笑的时候，我们的演讲已经距离成功不远了。

以玩笑燃爆全场

虽然我们说幽默与玩笑是有本质不同的，不过当我们提升玩笑的层次和水平时，就使玩笑与幽默之间具有了很多共通之处。尤其是当我们以高水平的玩笑来让大家敞开心扉开怀大笑的时候，玩笑就等同于幽默。

一个演讲者想方设法地吸引听众的关注，但实际上，演讲者不管多么渴望听众的认真倾听，都无法只凭着一厢情愿做到这

第三章 幽默是演讲舞台的强心剂，让你妙语连珠口吐莲花

一点。反之，演讲者演讲的内容必须非常出色，听众才会情不自禁地受到吸引，甚至在很长的演讲时间里始终保持着专注倾听的状态。

要想打造演讲的魅力，让演讲具有更强大的吸引力，演讲者必须发挥幽默的能力，让普通的演说主题变得精彩纷呈，也让寻常的演说主题吸引到每一位听众的关注。如果演讲者并不具备幽默的能力，也没有发挥幽默的特长，那么即使演讲的主题特别出彩，整场演讲也会因此而变得枯燥乏味。那么，就让我们以幽默来燃爆全场吧！

高中毕业20多年之后，李鹏已经成了大名鼎鼎的学者。正值高中学校校庆之际，李鹏应邀回到学校进行参观。在现场，校长还邀请李鹏为学弟学妹们进行一次精彩的演讲呢！这个时候，李鹏离开校园生活已久，一直从事科研工作，所以他对学弟学妹们其实不够了解。尤其是这些所谓的学弟学妹，其实跟他的孩子差不多大，所以他与他们之间的代沟也是非常明显的。怎样才能够激发起学弟学妹们倾听演讲的兴致呢？李鹏决定爆一爆自己的猛料。

20多年前，我们的高中生活可不像你们现在这样丰富多彩、精彩纷呈呀！那个时候，我们连与女同学拉手都不敢，每天只知

道学习—上课—写作业,正应了那句"青葱岁月"的话。正值青春期的我情窦初开,喜欢上了班级里的一个女孩。这个女孩是我们全校200多个女孩中排名前30的女孩。你们可不要认为当时的我有资格去追全校唯一的校花呀,只要能追到全校排名前30的女孩,我觉得已经实现了自己伟大的梦想。

然而,那个时候的我一穷二白,每个月的生活费只够吃馒头咸菜,身上穿着洗旧了的衣服,还缝着补丁呢。我到底能做什么呢?我甚至没有钱请女孩在食堂里吃一顿饭,或者带她看一场电影。思来想去,我决定给她写信。为什么呢?因为信纸是最便宜的。

当然,这个时候我还不认识女孩呢,跟女孩更不熟。我在信里介绍了自己各种各样的情况,比现在的年轻人找工作时投递的简历更加详细。就这样,我把这封信当作简历一样投递给了她,但是这封信如同石沉大海,没有任何回应。

后来,我又开始写第二封信。在第二封信里,我写了国家的情况,因为国家不就是我们每个人的大家吗?所以我写信的时候激情澎湃,还表达了自己的梦想,说自己未来一定要做出成就。然而,我的第二封信和第一封信一样,石沉大海。最终,我写了第三封信。在这封信里,我告诉对方不用回应我,我只是单相思就非常满足了。没想到,正是这封放弃的信吸引了女孩的关注,

第三章　幽默是演讲舞台的强心剂，让你妙语连珠口吐莲花

女孩居然主动邀请我看电影。我终于和女孩一起走进了电影院，当然，电影票是女孩买的。后来，我们相约一起发奋努力，争取考上同一所名牌大学。我们相互鼓励，相互鼓劲，果然高中毕业后，我和女孩双双考入了同一所大学。直到现在为止，我们不但是生活中的伴侣，也是事业上的伙伴。

那么，学弟学妹们，你们现在是否已经有心仪的目标了呢？我希望你们也能够携手共进，共创美好的未来。

李鹏话音刚落，同学们就响起了热烈的掌声。一直以来，他们被老师、家长责令不能早恋，却没想到有着如此成就的学长居然鼓励他们和异性一起努力成长，一起考入名牌大学。

在对自己的恋爱经历进行描述的时候，李鹏也向孩子们传递了很多积极的想法，他希望孩子们能够互相激励，共同成长，共同进步，也告诉孩子们只有一起考入大学，携手并肩，才能共创美好的未来。

正是通过对恋爱的讲述，李鹏才能打开学弟学妹们的心扉，让学弟学妹们在听演讲的时候不再怀有抗拒和抵触的态度。以这样的开场白赢得学弟学妹们的信任，接下来李鹏再说其他的内容，学弟学妹们自然会侧耳倾听。

开玩笑并不是一件糟糕的事情，只要玩笑不低俗，就能够起

到幽默的效果。毕竟对于孩子们而言,他们在日常生活中已经听了很多劝说,所有人都要求他们好好学习,天天向上。他们现在所需要的其实是有人真正地理解他们,因为他们很想知道成人在处于和他们相同的年龄段时,经历过怎样的成长,这对他们而言具有很强的吸引力。

总而言之,演讲可不是说教,不需要板起面孔、一脸严肃地进行陈述。演讲的目的是激发其他人的共情,让他人产生共鸣,这就需要幽默发挥巨大的作用。拥有好的主题,也拥有强烈的幽默能力,演讲才会显得与众不同,也更加扣人心弦。

由浅入深,扣人心弦

虽然大多数演讲都是有计划地进行,在演讲开始之前,演讲者有很长的时间做准备,诸如查阅资料等,才能写出一篇完美的演讲稿,也可以通过反复诵读的方式把演讲稿背诵熟练,直到能够别具匠心地把演讲稿表现出来,但是,也有一部分演讲是突如其来的,演讲者在进行演讲之前根本不知道自己需要演讲,更没有时间去思考自己应该讲些什么,以怎样的方式去呈现。在这样

第三章 幽默是演讲舞台的强心剂,让你妙语连珠口吐莲花

的情况下,即兴演讲的能力就显得至关重要。

而真正高明的演讲者不但能够做好有准备的演讲,对于即兴演讲也能信手拈来,因为他们始终遵循由浅入深、扣人心弦的原则。如果因为紧张,站到演讲台上之后结结巴巴地不知道自己该说什么,那么这样的演讲毋庸置疑是失败的。只有增强自己的心理素质,知道在演讲的过程中应该注意哪些方面,也知道自己要说什么内容,并且能够把幽默的能力贯穿于演讲的过程中,即兴演讲才能绽放出独特的魅力。

细心的朋友们会发现,古今中外所有成功的演讲者都具有很强的幽默能力,是真正的演讲高手。而且,他们也掌握了很多幽默的技巧,在运用的时候得心应手。在演讲的过程中,他们不管是说严肃的话题,还是说轻松愉快的话题,都会穿插幽默的语言,这些语言就像是琴的琴弦,在不知不觉间就能拨动观众的心弦,让观众更投入地倾听演讲。

在美国历史上,罗斯福连续四届担任美国总统。每次连任美国总统,他都需要当众发表演讲。在第四次连任美国总统的时候,一位美国记者专程去采访罗斯福。这位记者开门见山、直截了当地询问罗斯福对于第四次连任有何感想。罗斯福看到这位记者满脸羡慕,这位记者甚至对罗斯福说:"如果我是你,我一定万分激

动,万分欣喜。"

听到记者的话,罗斯福默不作声地看了记者一眼,拿出一块三明治递给记者,并且做了一个请记者吃三明治的手势。记者受宠若惊,他赶紧接过三明治吃了下去。看到记者囫囵吞枣地吃完了三明治,又准备采访自己,罗斯福却丝毫没有接受采访的意思,而是又递了一块三明治给记者。等到记者吃完了第二块三明治,罗斯福又递过来第三块三明治。就这样,记者接连吃了三块三明治,手里还拿着罗斯福递给他的第四块三明治。记者虽然吃了三块三明治,却不知道自己吃的三明治是什么味道,这是因为他在心中一直想着采访的任务,根本就没有心情品味美食。

想到这里,记者只好鼓起勇气告诉罗斯福总统:"尊敬的总统先生,虽然这块三明治非常美味,但是我已经不想吃了,因为我已经吃饱了。而且,我来这里,可不是为了吃三明治的。"记者话音刚落,罗斯福笑着对记者说:"我的答案跟你的一样呀,你应该知道我连任四届总统到底有何感想了吧?"记者恍然大悟,原来,这就是罗斯福总统给他的答案啊!

对于连任四届的总统而言,罗斯福并不能三言两语地概括自己的感受,而且即使罗斯福很愿意头头是道、滔滔不绝地诉说

第三章 幽默是演讲舞台的强心剂，让你妙语连珠口吐莲花

自己的感受，记者也不一定真正地听到心里去。就这样，聪明机智、幽默风趣的罗斯福给了记者四块三明治，并且在记者吃掉三块三明治，拿着第四块三明治的时候，以这样的方式回答了记者的提问。这种方式深入浅出，虽然回答的是很深刻的问题，但是却通过寻常的方式进行了浅显易懂的描述，真的非常巧妙。

在演讲的过程中，很多人都喜欢让演讲听起来特别玄妙，甚至难以理解。实际上，真正成功的演讲或者是当众说话，要做到深入浅出，能够让大多数听众听懂。在中国古代，有一位诗人每次完成诗作之后，都不急于把诗作公开，而是先读给自己的妻子听。他的妻子并没有文化，只能听懂最通俗直白的语言，也正因为如此，这位诗人的诗作在民间广为流传。

艰难晦涩从来不是演讲表达的重点所在，好的演讲能够让更多的听众听懂。在演讲的过程中，我们要坚持由浅入深，这样才能打动更多人的心弦，也让自己的演说被更多的人所接受。为了达到这个目的，在演讲的过程中，我们可以穿插一些日常的内容。例如，罗斯福总统在回答记者提出的很难回答的问题时，就以吃三明治的感受打比方，让记者在吃下三个三明治拿着第四个三明治的时候，很容易就理解罗斯福的感受。

当然，由浅入深并不是很容易做到的。很多人都可以把简单

浅薄的问题说得深刻,但是要想把难懂的问题说得简单,则会考验一个人深厚的语言功底。除此之外,演说者还必须了解听众的心理,知道听众具有怎样的文化水平,也知道听众想要听到怎样的演讲,这样才能做到迎合听众,也才能及时对听众作出更好的应对。

与听众幽默互动,吸引听众

在当众说话的过程中,虽然我们已经作好了充分的准备,但是我们并不能完全避免意外情况的发生。有的时候,听众济济一堂。当看到台下站满了听众的时候,我们难免会感到紧张,即使是身经百战的歌星们,在举办演唱会的时候,也会因为紧张而忘词。所以他们往往会把歌词写在手上等各种隐秘的部位,以便在关键时刻提醒自己。如果听众非常少,看到台下空了大部分座位,只坐了很少的听众,演讲者的心态同样会产生波动。最糟糕的情况是听众捣乱,提出很难回答的问题,或者挖坑给演讲者,设计陷害演讲者,与演讲者发生意见分歧等。这些都会导致演讲者慌乱不安。在遭遇这样的情况时,作为演讲者千万不要生气,更不

第三章 幽默是演讲舞台的强心剂,让你妙语连珠口吐莲花

要因为冲动而作出过激的反应,否则当众说话就会彻底遭遇失败。其实对于演讲者来说,出现小小的瑕疵或者是纰漏都是正常的,只要能够及时地运用幽默的方法消除尴尬,打破难堪的局面,也尽量弥补自己的错误,那么这些小插曲非但不会导致全局的失败,反而会使演讲更加精彩和吸引人。

古往今来,在演讲台上,很多优秀的演讲者都有强大的心理素质,他们即使面对突发的情况也绝不慌乱,即使面对那些别有用心的听众也不会退缩。正是因为有这样强大的心理素质,也有很高的演讲能力,所以他们才能在危急的局面中扭转乾坤,让自己获得成功。

有一次,在美国哥伦比亚大学的邀请下,林语堂去讲授中国的文化课程。在课堂上,他非常骄傲地说起中国的文化课程,并且不吝啬对中国文化的赞赏。这个时候,坐在下面的一位女生极其不满,她认为林语堂既然来到了美国哥伦比亚大学,就应该尊重美国的文化,因而她愤愤不平地问道:"林博士,你认为中国的东西都很好,难道我们美国的东西就不好吗?"这个问题非常尖锐,也很难回答。

对于这个问题,如果林语堂一改之前的态度,对美国大加赞赏,那么就会与他演说的主题相背离。反之,如果林语堂正面回

应这位女生,认为美国所有东西都不如中国的东西好,那么,台下的很多美国学生就会对此爆发不满。对于这样进退两难的问题,林语堂避重就轻,他当即幽默诙谐地回答道:"你们美国当然也有东西比中国的好呀,例如你们美国的抽水马桶就特别好用,干净卫生,我特别喜欢。"

听到林语堂这样巧妙的回答,在座的学生们全都哈哈大笑起来,包括那位提出尖锐问题的女生。在这个小小的插曲之后,课堂上的气氛从此前的严肃变得活跃起来,这也使林语堂在此后的演讲中有了更好的发挥。

有的时候,危机恰恰意味着千载难逢的好机会,例如上述事例,林语堂借助于危机表现出自己高超的幽默能力,也适时地引导大家对于中国和美国之间的比较有了更好的认知。这比当即勃然大怒地驳斥提问者所产生的效果更好,也充分彰显出林语堂的聪明机智、风趣幽默。

我们所面临的危机并不都是别人刻意设置的,很有可能是因为我们一不小心说错了话,所以才导致的。这样一来,我们当众说话就变成了当众出丑,一定会因此感到万分尴尬。但是,尴尬并不能真正地解决问题。在这样危急的特殊时刻,我们必须保持头脑的清醒,巧用幽默的技巧来弥补自己所犯下的错误,例如

第三章　幽默是演讲舞台的强心剂，让你妙语连珠口吐莲花

采用转移注意力的方法，让听众把注意力集中到其他方面，让自己的尴尬在无形中得以消散。

说起来，巧妙地应对插曲是很容易的，但是想要真正做到这一点并不容易。为了让自己更好地与听众互动，我们可以提前收集一些幽默的小材料，并且在关键的时候巧妙地运用这些材料，有针对性地解决问题。总而言之，语言必须经过积累的过程，才能由量变引起质变。我们要想具备更高的幽默水平，就必须坚持不懈地练习。不管怎样，我们都不能绝对避免意外的发生，在这种情况下，唯有以不变应万变，让自己沉着冷静地解决问题，我们才能发挥出更高的智慧水平。

以幽默结束演讲

不管做什么事情，虎头蛇尾都是不行的，对演讲而言同样如此。要想成功地进行演讲，既要有独具匠心的开头和丰富充实的过程，也要有完美的结尾，这样才算是一个完整的演讲。尤其是结尾能够以幽默的方式给大家带来笑声，让整场演讲在笑声中结束时，演讲会给大家留下意犹未尽的感觉，使大家更期待下一次

75

的相聚。

和过程相比,演讲的开头和结尾是更加重要的,因为开头与结尾一个是开始,一个是结束。尤其是和开头相比,结尾往往更加重要,也更加难以把控,这是因为在刚开始的时候,听众的注意力都会集中到演讲者的身上。演讲者只要略加润色,就能博得满堂彩。但是在演讲即将结束的时候,很多听众已经略显疲倦,或者通过对整场演讲的消化,使他们对演讲印象非常深刻,因而对结尾的期待也变得更高。在这样的情况下,演讲的结尾一定要简明扼要,还要起到扣题的作用。在满足这两个条件的情况下,如果演讲者能够发挥幽默感,让结尾显得不那么官方和沉重,听众就会感到意犹未尽。就像我们平日里喜欢看电视剧,当一集电视剧结束的时候,我们往往会带着疑问期待下一集电视剧的开始一样,这正是完美结尾所起到的效果。

幽默的结尾不仅能够让整场演讲的档次大大提升,增强演讲的魅力,也能够让听众获得演讲带来的良好感受,给听众留下非常深刻的、难以磨灭的印象。遗憾的是,很多演讲者在演讲开始的时候往往独具特色,在演讲过程中也是非常丰满的,等到结尾的时候却显得非常仓促。还有些人犯了画蛇添足的错误,在演讲结尾的时候进行总结,或者用过多的动作和表情来告诉大家演讲即将结束,这使结尾显得拖沓冗长,给人以非常啰唆的感觉。有

第三章 幽默是演讲舞台的强心剂,让你妙语连珠口吐莲花

些听众面对迟迟不能结束的演讲,会频繁地看时间,甚至会提前离场,使演讲者心烦意乱,就会仓促地结束演讲,给人以虎头蛇尾的印象。

总而言之,结尾既不要突如其来,也不要拖沓冗长,只有恰到好处,干脆利落,才能起到更好的效果。如果结尾极具幽默感,还能够让听众在欢笑之余产生余音绕梁、三日不绝的感受,甚至期待着再次听到演讲者的演讲,这样的结尾才真正获得了成功。

需要注意的是,结尾虽然要有幽默感,却不一定非要逗得观众捧腹大笑。幽默的结尾能够缓解听众的精神疲劳,能够让听众在演讲即将结束的时候得到鼓舞,更加集中注意力,这样才是幽默结尾应该起到的作用和效果。结尾既可以干脆利落,快刀斩乱麻,也可以讲一个有趣的故事,使听众感到意犹未尽。这些方式都能够更好地吸引听众的注意力,让听众对整场演讲留下良好的印象。

1936年,林语堂被邀请参加第一届全美书展。全美书展是由美国书籍出版者协会和纽约时报联合举办的。林语堂作为中国学者的代表上了演讲台之后,一语不发地环顾四周,无形之中就散发出强大的气场。看到听众全都默不作声,聚精会神地盯着他,他这才开始讲述中国人的生活态度与人生哲学。林语堂是脱稿演

讲，他手中并不像其他演讲者那样拿着厚厚的稿纸，而是临场发挥。他兴之所至，侃侃而谈，妙语如珠，极具文学大师的风采与气度。

林语堂本身就是文学大家，他表达的技巧非常地道，他的英语口语发音也特别纯正，最重要的是他幽默风趣又非常机智。最终，听众们全都给予了热烈的掌声。正当大家沉浸在林语堂的演讲中专注倾听的时候，林语堂却突然来了一个漂亮利落的收尾。他对听众们说道："中国哲人喜欢有话就说，说完就走。"话音刚落，他就把双手背在身后，踱着四方步飘然下台了。听众们对于林语堂这样猝不及防的结尾都愣住了，后来他们意识到林语堂已经结束了演讲，这才回过神来，给予了林语堂更热烈的掌声。

相信，现场那些听林语堂演讲的听众，一定对林语堂的结尾方式印象深刻，因为除了林语堂之外，也许没有人像他这样结束演讲了。林语堂以独具个性的演讲方式赢得了听众的喜爱，听众们在意识到林语堂说完话就走下讲台之后，也会对林语堂产生很大的好奇心和崇敬之意。林语堂这样出其不意地结束演讲的方式非常幽默，非常符合西方人重视幽默的思想，也使他们由衷地赞美林语堂。

每一个演讲者都希望自己的演讲能够赢得听众的喜爱，但是

第三章 幽默是演讲舞台的强心剂,让你妙语连珠口吐莲花

这并非是只凭着主观的期望就能够实现的。对于听众而言,只有专注地倾听演讲者的演讲,也意识到演讲者在演讲方面具有的优势,才能够更好地欣赏演讲,也才能沉浸在演讲的意境之中。对于演讲者来说,一定要重视结尾,切勿虎头蛇尾,更不要仓促结尾,只有在结尾的时候给予听众良好的体验,听众才会更喜欢演讲,也由此对演讲者留下好印象。

第四章
幽默是人际相处的黏合剂，让你拥有超强吸引力

现代社会，人脉关系被提升到前所未有的高度，曾经人们认为成功需要具备很多方面的资本，现在大多数人已经意识到人脉资源是获得成功不可或缺的重要资本。在现实生活中，具有幽默感的人在与人相处的时候总是更加顺利，也会对他人形成超强的吸引力，可以说，幽默就是人际相处的黏合剂。拥有这种黏合剂，我们才能处处受人欢迎，得到更多人的关注，也才能在人际交往中如鱼得水。

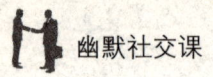 幽默社交课

懂得幽默,与陌生人一见如故

现实生活中,每个人都要进行社交活动,根据各自生活圈子的大小,每个人社交活动的类型和范围也是不同的。可以说,只要是有人类存在的地方,就有社交活动的踪迹。那么对于社交活动而言,每个人所需要具备的最不可或缺的品质是什么呢?那就是幽默。

每个人都是独一无二的生命个体,不同的人在一起相处时,如果缺乏幽默作为润滑剂,就会导致彼此的交往特别生硬,彼此之间的关系也会十分疏离。尤其是在面对陌生人的时候,那些缺乏幽默的人与陌生人之间总是尴尬相对,甚至无言以对。反之,那些擅长幽默的人即使面对陌生人,也能够很快地与陌生人搭讪,或者与陌生人进行沟通,这都会让他们在社会交往中有出色的表现。

很多人都喜欢幽默大师卓别林,这是因为卓别林塑造的舞台

第四章 幽默是人际相处的黏合剂，让你拥有超强吸引力

形象给大家的生活带来了欢乐。其实，卓别林本身也是一个非常幽默的人。有一次，卓别林去参加社交活动，现场有很多苍蝇在天空中飞舞，卓别林只能不停地用手驱赶苍蝇。然而，用手驱赶苍蝇并不能真正消灭苍蝇，思来想去，他找到了一个苍蝇拍，开始四处拍打苍蝇。但是这些苍蝇非常狡猾，总是不停地飞来飞去。有的时候，卓别林好不容易才瞄准了一只苍蝇，等到他挥舞着苍蝇拍去拍打的时候，苍蝇却逃之夭夭了。

卓别林看到苍蝇非常厌烦，他发誓一定要杀死苍蝇。看到一只苍蝇停在桌子上，他屏气凝神地拿着苍蝇拍，走到苍蝇的旁边，高高地举起苍蝇拍，准备打死苍蝇。但是他把苍蝇拍高高抬起之后，却突然停止了动作。他呆呆地看着那只苍蝇，半天都没有任何举动。这个时候，站在卓别林身边的人非常着急，推了卓别林一下，小声说道："快打呀！"

卓别林被推了一下，如梦初醒。这个时候，他随机应变，对那个推他的人说："但是，这只苍蝇不是侵犯我的那只啊！我报仇一定要有目标，不能迁怒无辜！"听到卓别林的话，在场的人全都忍俊不禁地哈哈大笑起来。

其实，卓别林只是在打苍蝇的时候突然改变了想法，或者是突然之间走神了，想到了其他事情。因而在别人推他、提醒他的

83

时候，他才会如梦初醒。但是卓别林特别机智，反应敏捷，为了消除尴尬，他说这只苍蝇不是侵犯他的罪魁祸首，为自己辩解自己是故意停了下来，放过这只苍蝇。这样的回答让人感受到卓别林的可爱，也让人忍不住哈哈大笑。

正是因为善于运用幽默，卓别林才能化解尴尬，给了他人一个不得不笑的理由。在现实生活中，有些人面对人生的坎坷际遇，总是能够乐观积极，而有些人面对人生中的坎坷境遇，却非常消极悲观，这是因为每个人的人生观、价值观和世界观都是不同的。培养幽默的能力，提升幽默水平，不仅有助于我们与他人之间展开顺畅的沟通，而且对于端正人生的态度，以积极的态度应对人生，都是非常有好处的。

有人说，幽默是一种艺术。幽默可以增进我们与他人之间的关系，加深我们与他人之间的感情。幽默还能够帮助我们更加客观地评价自己。实际上，在现实生活中，我们不仅可以运用幽默赞扬他人，也可以运用幽默批评和指责他人，委婉地为他人指出错误，这样批评就不会令人难以接受，也就能够起到更好的效果。

在公开的社交场合，我们可以发挥幽默的能力，为大家带来快乐。但是，一定要掌握好分寸。很多人在运用幽默与陌生人搭讪的时候没有把握好分寸，在不了解陌生人的情况下，就说一些过分的玩笑，结果惹怒了陌生人，导致事与愿违。古人云，凡事

第四章　幽默是人际相处的黏合剂,让你拥有超强吸引力

皆有度,过度犹不及,幽默同样如此。

擅长幽默的人还具有很强的自制力,他们不会泛滥地运用幽默,让幽默变成低俗的玩笑,而是会始终蛰伏着,等待选择稍纵即逝的好机会,一招制胜,给对手以致命的打击。这样的幽默可不仅仅是一时兴起,更不会做出轻浮的举动,而是在经过深思熟虑的思考之后才做出的理性举动。

人们常说,幽默是智慧的最高表现形式,其实幽默还可以帮助我们化解困境,消除尴尬,也可以在很多看似难以处理的情境中帮助我们维护自身的利益,维护自己的尊严,却不至于因此而与对方交恶。总而言之,和很多其他的方法相比,幽默都是非常有效的。尤其是在面对陌生人的时候,幽默能够帮助我们消除与陌生人之间的隔阂,使我们与陌生人更好地交流和互动。

幽默让沟通水到渠成

在现实生活中,很多人都有这样的体验,那就是面对一个陌生人或者是面对熟悉的人,因为发生了一些事情,我们与对方之间的沟通会显得非常的尴尬,我们甚至不知道应该说些什么。在

这种情况下，幽默将会发挥很重要的作用，使沟通水到渠成，也让我们与他人之间的交流产生更好的效果。

正因为如此，美国心理学家赫布·特鲁才说，在人际关系中，幽默是最好的润滑剂，能够消除人际关系之间的紧张和压力，让生活变得更加饶有趣味，能够让我们从被束缚的小天地里解脱出来，在更为广阔的天地里结交更多的好朋友，能够帮助我们摆脱困窘的生活状态。信心百倍地行走在人生的道路上，哪怕面对困难，也能够勇敢地迎难而上。

从赫布·特鲁的这番话，我们不难看出赫布·特鲁对于幽默的评价是非常高的。他认为幽默是生活中必不可少的一种品质，也是一种能力。尤其是在人际沟通的过程中，幽默更是必不可少的沟通元素，能够营造使双方都非常愉快的沟通氛围。

在现实生活中，那些不善于幽默的人在与人沟通的时候往往会陷入尴尬的境地，或者他们原本出于好心去说一些话，却因为不会表达而惹怒了对方。反之，那些擅长幽默的人，即使面对生活中的难题，也能够以更好的方式表达出来，这使得他们在人际相处的过程中有更加出色的表现，也能够建立良好的人脉关系。

人际沟通的本质其实就是表达自己的意思，让听话的人能够明白我们的意图。在沟通的过程中，如果我们不能准确地表达自

第四章　幽默是人际相处的黏合剂，让你拥有超强吸引力

己的心意，对方也不能理解我们的意图，那么沟通就失去了最初的意义。唯有在沟通的过程中运用幽默的技巧，发挥幽默的魅力，让彼此之间的沟通更加顺畅，才能让沟通起到事半功倍的效果。如果一个人不懂得幽默，在与人相处的时候每次聊天都显得非常别扭，那么在他学会运用幽默的技巧，善于运用幽默的表达方式与他人沟通之后，就会发现他的人际关系在瞬间得到了巨大的提升。

新学期开学，作为数学老师的张琦，在距离上课铃还有三分钟要敲响的时候，他拿着教材，带着教具，往教室里走来。上了讲台之后，同学们第一次见到张琦未免议论纷纷。原来，张琦长着满脸的络腮胡，这让同学们感到很新奇。这个时候，张琦对同学们进行自我介绍："大家好，我叫张琦。所谓张琦，就是长得奇怪的意思，大家可以看到，我的胡子都快长到耳朵上了，所以我这算是典型的人如其名吧！"

张琦话音刚落，同学们全都哈哈大笑。原本对于数学老师，大家都感到非常好奇，因为通常情况下，数学老师都是非常严肃的。但是因为张琦给了大家这样一个幽默风趣的开场白，瞬间就拉近了与同学们之间的距离，让同学们认识到他虽然长着满脸胡子，看似严肃，其实内心还是很风趣幽默的。就这样，张琦与同

学之间的交往有了一个良好的开始。

在日常生活中,幽默是必不可少的,就像是一盘菜需要调味剂的调和才能有更好的味道一样,生活也只有在幽默的调和下才能呈现出精彩的局面。在生活的很多场景之中,我们都可以发挥幽默的能力,与他人进行攀谈。例如,和朋友聚会的时候,在外出旅行的途中遇到了陌生的旅伴,都可以通过幽默的方式与对方搭讪,或者调节沟通的气氛,让气氛从沉闷到活跃,这对于开展攀谈和加深了解都是大有裨益的。

尤其是在那些尴尬的环境之中,如果每个人都满脸严肃,一语不发,那么气氛就会凝重得让人感到压抑。在这种时候,如果有一个富于幽默感的人打破沉默,说一句话把大家都逗得哈哈大笑的话,那么人与人之间的距离马上就会亲近起来,人与人之间的坚冰也会消融。总而言之,幽默是人际关系的滋养剂,能够让人际关系发展得更好。

第四章　幽默是人际相处的黏合剂，让你拥有超强吸引力

幽默的你总能得到众人瞩目

在人际交往之中，有些人总是躲在角落里默默无闻，很少引起他人的关注。有些人则恰恰相反，不管走到哪里，他们都像是万众瞩目的明星，能够得到所有人的关注。那么，他们为何会有这样独特的魅力呢？是因为他们很幽默。

作为普通人，我们没有明星那样的光圈在身，所以我们吸引他人就要靠着非常努力的表现。很多人都曾经看过明星出场时前呼后拥的场景，有些粉丝在看到明星的身影时还会不停地欢呼，不停地跳跃。不得不说，这样的场面是激动人心的。虽然幽默并不能让我们变成明星，也不能让我们得到明星的待遇，但是幽默的人处处受人喜欢，处处受人瞩目是毋庸置疑的。

随着市场经济的发展，很多人都接触到销售这个行业，也一定听说过这句话——每个人都需要推销自己。的确如此，不管从事什么行业，不管我们的身份地位如何，我们都要把自己推销出去，让自己得到他人的认可与接纳，才能在人际交往中得到更好

的对待。每个人都希望得到欣赏、肯定和欢迎，而不希望被冷漠、排斥和抗拒，既然如此，我们就必须让自己变得幽默起来。

　　还记得在上大学的时候，如果老师非常严肃，那么学生们在上课的时候就会特别紧张；如果老师很幽默，讲课的风格是轻松诙谐的，那么学生们在上课的时候就会愉悦。有些人为了表明自己的权威，在与他人相处的时候会满脸严肃，从来不愿意给他人以笑脸，这样虽然能够彰显出自己的权威性，但是却会让自己与他人之间保持距离。如果一个人总是高高在上，从来不与他人亲近，也是不利于建立群众基础的。英国前首相丘吉尔是一个既严肃又幽默的人，所以他才会受人欢迎。

　　有一次，丘吉尔去部队里视察工作。当时，天刚刚下过雨，路面特别湿滑。丘吉尔是非常擅长演讲的，他在演讲台上对着全体将士发表了慷慨激昂的演讲。演讲结束后，丘吉尔走下台阶，一不小心脚下一滑，摔在地上。看到总司令居然当着所有人的面摔了一个大跟头，全体将士全都忍俊不禁。听到将士们的笑声，陪同丘吉尔的军官大惊失色，他生怕丘吉尔因为觉得丢了面子而恼火，一时之间满脸惊恐，手足无措。

　　出乎大家的意料，丘吉尔对此毫不愠怒，他反而微笑着说："和刚才那番演讲比起来，我这一跤的作用是更加强大的，瞬间

第四章 幽默是人际相处的黏合剂，让你拥有超强吸引力

就鼓舞了大家的斗志。"听到丘吉尔的话，大家都感受到丘吉尔的人格魅力，知道丘吉尔不会端着总司令的架子，对大家施以威风。从此之后，他们对丘吉尔非常亲近，也特别认同丘吉尔。就这样，丘吉尔树立了自己在军中的威信，带领全体将士英勇奋战，立下了赫赫战功。

越是尴尬的时候，我们越是要善于运用幽默化解自己的尴尬，消除自己的难堪。如果在尴尬的时候，我们因此而恼怒生气，我们就会更加尴尬。不得不说，丘吉尔不但是一个智商很高的人，也是一个情商很高的人。很多人对于当众摔倒这件事情都会耿耿于怀，觉得丢了面子，哪怕是普通人也是如此，更何况是丘吉尔呢？但是作为高高在上的总司令，丘吉尔对于自己当着全体将士的面摔跤并没有紧张，反而借此机会彰显出自己的平易近人和幽默风趣，把一件坏事变成了好事。

幽默的人不但能够运用幽默来制造愉快的氛围，也能够运用幽默来化解人际相处的尴尬。每个人只要具备幽默感，不管走到哪里，都会受到他人的欢迎，得到他人的瞩目，因为幽默不仅仅是我们对他人示好的表现，也是我们内心轻松愉快、积极乐观、努力向上的表现。一个幽默的人自己是快乐的，才能够把快乐带给他人；一个幽默的人自己是自信的，才能够感染身边的人；一

个幽默的人自己是充满热情的，才能够热情地对待他人。

懂得幽默，才能拥有好人缘

幽默的人总是令人愉悦，因为他们把如沐春风的感觉带给身边的人，也会把快乐美好的感觉带给身边的人。懂得幽默的人表达的方式是真诚的，他们本心善良，待人落落大方，非常慷慨。正是因为具有这些优秀的品质，他们才能够在与人相处的时候顺利地搭建起桥梁，拉近自己与他人之间的距离，增进自己与他人之间的感情。即使与他人之间有隔阂或者误解、矛盾，他们也能够有效地消除不愉快的事情，让自己与他人之间的相处更加和谐愉快。

需要注意的是，幽默不但是人际交往的技巧，也是一种人际相处的艺术，更是一种不容忽视的人际力量。在现实中，有很多人都不具备幽默的能力，即使同样内容的话，他们也会以生硬的方式表达出来，仿佛在推着身边的人离开自己，使自己与身边的人产生隔阂。反之，那些幽默的人在人际交往的过程中则能做到

第四章 幽默是人际相处的黏合剂，让你拥有超强吸引力

得心应手，他们只是说出一句幽默风趣的话，就能够吸引他人的关注，得到他人的认可。不得不说，幽默者全都拥有好人缘。

也许有些朋友认为这样陈述幽默的好处，无意中把幽默的作用夸大了，其实我们并没刻意抬高幽默，因为幽默的本质就是快乐。幽默不但给我们带来快乐，也能够给他人带来快乐。人的本能就是趋利避害，每个人都希望能够得到更多的好处，而不想受到他人的排挤和对抗。因此，哪怕只是为了迎合自己的需求，我们也要掌握幽默的技巧，提升幽默的能力。

在正常的人际交往中，幽默使我们与他人之间有更好的互动，即使在糟糕的人际相处中，例如我们与他人之间产生了误解，发生了冲突，或者陷入了尴尬的境地，幽默也能够发挥很强大的作用，让我们消除尴尬，拥有更多的快乐。正是因为如此，我们才说幽默是人际相处的润滑剂，能够拉近人与人之间的距离，也能够在人与人之间建立良好的关系。

一个人不管是年少还是年老，当他能够熟练地运用幽默的技巧与他人沟通的时候，他在人际相处的过程中就会有更出色的表现。反之，如果他总是表达非常生硬，说话拒人于千里之外，那么，他在与人相处的时候就很难达到预期的效果。

民谣学家钟敬文是一个非常幽默的人。有一次，他与朋友们一起参加聚会。在聚会的过程中，因为年事已高，牙齿已经脱落很多，所以无法吃那些坚硬的食物。看到满桌子的美味佳肴，他却只能饱饱眼福而已。眼见着朋友们都大快朵颐，他喊来服务员为自己要了一份汤面。然后，他对朋友们说："在座的都是好汉，我这个无'齿'之徒却只能'欺软怕硬'了。你们可不要向我学呀，一定要保护好牙齿，我真心希望你们即使活到100岁也有满口好牙，这样才能吃嘛嘛香呀！"

听到钟老的话，大家全都哈哈大笑起来。他们都很理解钟老的苦衷，也很认同钟老的解释。钟敬文老先生的这句话对自己的特殊对待解释清楚了原因，因为他是个无"齿"之徒，这里所指的是牙齿，所以他就不能吃那些美味佳肴，而只能吃非常软烂的汤面。他又风趣地把自己的这种行为形容为"欺软怕硬"，起到了意在言外的作用，可谓幽默的典范。有了钟老的这一番解释，在场的人全都开怀大笑，彼此之间的关系也更加亲近了。

从本质上而言，幽默就是快乐，幽默者本身是快乐的，幽默者带给他人的也是快乐。在生活中，幽默还能营造快乐的氛围。如果说我们希望人生中充满欢声笑语，那么我们就一定要让

第四章 幽默是人际相处的黏合剂，让你拥有超强吸引力

幽默开花散叶，让生活充满幽默风趣。幽默不仅能够让我们更好地与他人沟通，也能够帮助我们消除尴尬和难堪，还能够帮助我们化解困境。如果说人生的蓝图需要每个人亲自去描摹，那么我们应该以幽默这支画笔，在人生的蓝图上描出绚丽多彩的图画。

幽默并非是与生俱来的能力，而是后天形成的。要想提升自己幽默的能力，让自己具备幽默的特质，我们就应该变得更加机智，积累更多的知识，真正做到随机应变。这样我们在与人相处的时候才会更加灵活地运用幽默的技巧，与他人展开顺畅的沟通，加深对他人的理解。

需要注意的是，幽默不能建立在嘲笑、讽刺他人的基础上，也不能以他人的痛苦为代价。这样的幽默不是真正的幽默，而是恶意消费他人行为的举动。真正的幽默者要把握好幽默的分寸，也要注意区别幽默的对象，这样才能适时适地、因人而异地发挥幽默的强大效力。

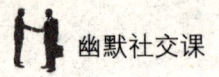 幽默社交课

以幽默拉近与他人的距离

　　人与人见面时，会习惯性地握住对方的手，让对方感受到自己的亲近与善意。实际上，即使不握手，我们也可以用幽默的方式，表达对他人的亲近，这样做的效果也是非常好的。尤其是在现代社会中，在面对第一次见面的陌生人时，我们唐突地要求与对方握手往往会被拒绝，或者对方即使勉为其难地同意了我们的请求，也会显得心不甘情不愿。在这种情况下，不如运用恰当的幽默来表达自己的善意，助力自己与他人建立良好的关系。

　　如果说握手这种肢体接触方式只能通过身体上的亲近来拉近心理上的距离，所起到的效果往往不那么理想，那么幽默则不同。所谓幽默，其实是扣动人的心弦，让人发自内心地想要与对方亲近，这样就达到了最好的效果，也距离预期的目标更加接近。

　　幽默适合运用于生活中的很多场景。例如新学期开学，老师第一次与同学们见面；搬新家了，第一次看到新邻居；来到新

第四章 幽默是人际相处的黏合剂,让你拥有超强吸引力

的工作单位,和新同事初次相处;乘坐公共交通工具,与司机或者是乘客之间攀谈。在这些场景里,我们都可以发挥幽默的能力,从而顺利地与对方搭讪,拉近与对方的距离,也与对方愉快相处。

人是群居动物,每个人都生活在人群之中。尤其是关系亲密的人,例如邻居、朋友、同事等,平日里每天都会见面。一个人如果始终满脸严肃地面对他人,那么与他人之间的关系就会非常冷漠和疏远。我们只有面带微笑地与他人交往,给予他人更多的关注,才能与他人之间建立良好的关系。

也有人说,生活原本就是很艰难的。如果我们因为内心沉重而给生活戴上更沉重的枷锁,那么一切就会变得更加困难。在这种情况下,我们应该选择以更轻松幽默的方式去面对生活,面对身边的人,促进自己与其他人之间建立良好的关系,这样我们自身也会感到轻松。

人类社会中有很多严肃的艺术和学科,以及其他的艺术表现形式。与学科知识相比,幽默也许难登大雅之堂,或者说并没有发展成为独立的学科,甚至有人认为幽默无关紧要。因为他们每天都严肃地面对这个世界,面对身边的人和事,也同样生活得很好。的确如此,因为他们从来没有感受过幽默真正的魅力。如果他们已经感受到幽默对于生活产生的改变,对于生活的无限滋养,

那么他们就不会再固执己见了。

　　世界之所以丰富精彩，是因为世界上有最温暖的笑容，是因为世界上有最顽强的生命力，也是因为世界上有最纯真的幽默。没有人愿意如同身陷囚牢一样地面对这个世界，在世界里艰难地熬过生命中的每一天。正如有人曾经说过的那样，既然哭着也是一天，笑着也是一天，那么我们为什么不笑着度过生命中的每一天呢？既然如此，我们从现在开始就应该发挥自己的能力，让自己的人生充满快乐和满足。

　　阐述了幽默这么多的好处，那么接下来我们应该学会适度幽默，让自己与他人的关系更加亲近。

　　搬了新家之后，小张家独自生活了一段时间，这是因为对门的人家还没有搬来。不过，对门那户人家已经装修了三个月，看起来他们很快也会搬来了。

　　这样过去了一年多，有一天，小张下班回来的时候，发现门口堆放着很多家具的板材，而且邻居家的门正开着。小张知道邻居家要准备入住了，他走过去和对方打招呼，对对方说："邻居，你好啊！我早就盼着你们搬来了。人家都说远亲不如近邻，我们可真是够近的，如果我们两家都把房门敞开，简直就像一家人了。"听了小张这样的寒暄，邻居当即以笑脸对待小张，而且和小

第四章 幽默是人际相处的黏合剂，让你拥有超强吸引力

张交谈了起来。在这次打招呼之后，小张与邻居之间的关系亲近了很多。他们每天抬头不见低头见，彼此融洽相处，孩子们也成为了很好的玩伴。

小张以"远亲不如近邻"这句话和邻居搭讪，对邻居表示出友好的意思，还说双方家里都不关门，那么自己家和邻居家简直就是一家人，由此拉近了与邻居之间的心理距离。后来，通过相处，小张家与邻居家交往很密切，关系非常好，与邻居自然也就越来越亲近，相处非常愉快了。

现代社会中，见面握手不再是常规的程序。对于那些擅长幽默的人来说，见到他人的时候与其握手，还不如以幽默打开对方的心扉，走入对方的内心呢！

幽默的方式是对对方示好，表达了我们喜欢对方的意愿，也意味着我们愿意和对方分享快乐。最重要的是，当我们以幽默的方式对待对方的时候，对方也会以同样的方式对待我们。对于我们而言，这样的相互交好才是最终的目的。

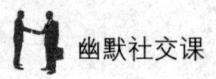 幽默社交课

幽默的人处处受欢迎

在人际交往的场合中，面对陌生人，我们都想与陌生人之间拉近距离，最终结交陌生人。常言道，多个朋友多条路，多个敌人多堵墙。既然我们注定要和人交往，那么我们为何不把人际关系打造得更加和谐友好呢？我们要避免与他人之间产生矛盾，尤其是在现代社会中，人际关系被提升到前所未有的高度。对于任何人而言，人脉资源都是重要的社会资源。一个人拥有的朋友越多，在面对难题的时候就会得到越多的助力，也会从朋友那里得到更多的机会和帮助。所以，他们就能够成为最大的赢家。反之，如果一个人从来不与任何人交往，总是孤家寡人，把自己封闭起来，那么他即使遇到困难，也没有人会帮助他；即使面对困难，也没有人会在乎他的结局，更没有人鼎力相助他解决问题，这就使得他人生的道路必然越走越窄。

民间有句俗话，叫作在家靠父母，出门靠朋友。把父母与朋

第四章　幽默是人际相处的黏合剂，让你拥有超强吸引力

友相提并论，由此可见朋友对于我们的重要性。作为现代人，我们应该抓住各种机会结交朋友，对于那些陌生的人，我们要找借口与他们搭讪，与他们相识，然后建立良好的人际关系；对于那些相识的朋友，我们更要找机会多多与他们聊天、谈心，这样才能深入地与他们交往，也真正地与他们成为朋友。

在和朋友交往的过程中，我们不但要对朋友付出真心和友谊，也将会从朋友那里得到友谊的回报。最重要的是，当我们与更多的朋友保持交往的时候，就会得到更多的信息，这对于我们的现代生活是极其重要的。

曾经有人说，要看一个人的实力，就看他的敌人；要看一个人的底牌，就看他的朋友。这意味着朋友对于我们有着特别的意义。古人云，物以类聚，人以群分。现代社会讲究圈层，也就是说，那些志同道合、有着共同兴趣和相似脾气秉性的人会聚集在一起，形成独特的圈层。当我们置身于朋友圈之中，我们即使对自己的了解并不深入，也会清晰地了解朋友，那么我们可以借助于了解朋友来反观自己，这样就会对自己更加熟悉和了解。每当遇到难题的时候，我们还可以及时地向朋友寻求帮助。对朋友提出的有效建议，我们要积极地采纳；对朋友提出的无效建议，我们则要学会斟酌，然后做出明智的选择。

在和朋友相处的过程中，我们还要学会分享。很多时候，痛苦经过分享就会减半，快乐经过分享就会翻倍，所以对于朋友的倾诉，我们可以经常进行。我们要依赖朋友，也要成为朋友的依赖。也许有些人会说，交朋友实在是太难了，因为现代社会中很少有人会对他人全抛一片真心。其实，人际相处的基础就是真诚和友善，就是相互尊重。在交朋友的过程中，我们要想处处受人欢迎，就要发挥幽默的技巧和能力，即使面对陌生人，只要我们恰到好处地发挥幽默的能力，就能够让紧张尴尬的气氛变得活跃轻松起来，也会让彼此之间的交流变得更加顺畅。在如此好的环境和氛围之中，我们与朋友之间怎么会不坦诚相见呢？

周华健唱过一首歌，叫作《朋友》。歌的内容是"朋友一生一起走"，这告诉我们，朋友对于每个人而言都是一生的陪伴。一个人在生命的历程中始终都在结交朋友，有些朋友会像过客一样从我们的生命中悄然走开，有些朋友却成为我们一生的陪伴。不管我们正在经历荣华富贵，还是正在遭遇痛苦波折，朋友都会坚定不移地站在我们的身边，成为我们坚强的后盾，这样的朋友千金难买。

也有很多人想方设法地结交朋友，甚至求助于书籍，听信那些专家给出的建议，结果现实却告诉他们很多建议都是非常

第四章 幽默是人际相处的黏合剂，让你拥有超强吸引力

空洞的，没有事实基础，无法产生效果。只有立足于实践，从时间中积累经验，也非常投入地参与实践，才能结交到知心的朋友。

在形成了正确的交友观，也端正了交友的态度之后，我们就应该开始实际操作结交朋友的方法了。其实，交友要以真诚和互相尊重为原则，要平等对待朋友。即便如此，还是有很多技巧可以运用于实践的。例如，朋友相交贵在交心，因而不要总是客套地寒暄，更不要总是在交谈的时候流于表面。朋友之间应该注重平日里的维护，一旦等到自己有需要的时候才去和朋友攀关系，就为时已晚了。在现代社会生活中，网络的发展使人与人之间的交流变得更加简便易行。在这种情况下，如果不能时常与朋友见面，还可以通过电子媒介与朋友进行沟通。但是，再好的电子媒介也无法代替面对面的交流，所以在繁忙的工作之余，我们还是要找机会与朋友相处，与朋友见面。

当拥有很多朋友的时候，我们难免会感到分身乏术，觉得自己没有那么多的时间和精力和每一个朋友相处。其实，朋友也是拥有一个新陈代谢的系统，例如，那些新朋友随着时间的流逝会变成老朋友，我们与老朋友之间彼此熟悉和了解，彼此信任，无须再走形式主义。对于结交的新朋友，我们可以花更多的时间和

精力对对方加深了解。当然，对于那些假朋友，我们应该及时结束这种虚伪的关系，毕竟人生苦短，每个人的时间和精力都是有限的。为了不值得的朋友，我们不应该浪费宝贵的生命。

人与人相处就像牙齿和舌头唇齿相依，却也常常会与对方发生各种矛盾和争执。对于朋友而言，彼此之间的关系越是亲密，就越容易发生各种矛盾。在这种情况下，我们要学会和朋友道歉，要学会承认自己的错误。古人云，智者千虑，必有一失；愚者千虑，必有一得。很多人自以为聪明，总是认为朋友的所思所想都是错误的，只有自己才是正确的，因而恨不得对朋友指手画脚，安排朋友去做各种各样的事情。实际上，朋友也有自己的主见，所以我们要做到尊重朋友，在与朋友之间意见有分歧的时候，能够耐心地倾听朋友的解释。只要能够理性地接纳朋友的意见和看法，我们与朋友之间的交往就会更加顺利。

只要我们信任朋友，也愿意以自己的真心对待朋友，那么我们与朋友的相处就会更加和谐。当朋友犯错误的时候，尤其是在朋友不小心伤害我们的时候，我们又该怎么做呢？这种时候千万不要揪着朋友的错误不放，更不要当着他人的面让朋友下不来台阶。我们唯有换位思考，站在朋友的立场上为朋友考虑，也给予

第四章 幽默是人际相处的黏合剂，让你拥有超强吸引力

朋友反思的机会，才能做到理解和体谅朋友，也在朋友面前树立威信。在此过程中，我们可以幽默地提醒朋友哪些地方做得不好，相信我们的宽容一定会换来朋友的尊重和信任，也会换来朋友的托付。

第五章
幽默是面面相觑的润滑剂，
让尴尬烟消云散

在现实生活中，人人都会遇到尴尬和难堪的时候，例如一个女生打扮得非常中性，正准备进入女厕所，却突然被看守厕所的阿姨拦住了，提醒她这是女厕所。女生除了尴尬地笑一笑之外，还有什么其他的办法呢？再如，一个人穿着漂亮的礼服去参加一场重要的宴会，结果到了宴会上之后却发现自己与一位更年轻漂亮的女士撞衫了。在这种情况下，自己的劣势显露无遗。那么，又要如何来应对呢？不管内心多么崩溃，我们都不能因此而找个地方藏起来，更不能玩失踪的蹩脚伎俩。我们唯一能做的就是让幽默作为急救员来缓解自己的尴尬，为自己解困。

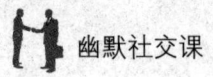
幽默社交课

用荒谬消除尴尬

生活总是多姿多彩的,有着百般滋味,既有酸甜苦辣咸,也有甜蜜、幸福、悲哀和尴尬。面对生活的各种姿态,我们唯有从容地应对,坦然地接受,才能让自己不那么难堪。面对生活中的很多尴尬时刻,有些人试图以更大的尴尬来掩饰眼前的小尴尬,结果让自己感到更加尴尬;也有些人会假装不知道自己正身处尴尬,结果却成为大家的笑料;还有些人面对尴尬唯一的反应就是生气和愤怒。这些不合时宜的反应非但不能解决问题,反而会把自己如同鸵鸟一样隐藏起来。既然生活中无处不尴尬,那么我们就一定要掌握化解尴尬的最佳方法,这样才能在面对尴尬局面的时候,维护自己的尊严,这才是正确的解决之道。

仔细回想一下曾经遭遇过的尴尬局面吧,相信有很多人都会有说不完的话。例如,某位上班族正在参加一场重要的会议,却因为头一天晚上加班改完了一份文件,所以现在昏昏欲睡,居然当着公司领导的面打起了呼噜,还流起了口水。不得不说,发生

第五章 幽默是面面相觑的润滑剂,让尴尬烟消云散

这样的事情是让人感到非常懊悔的。再如,原本想发一条很私密的短信给自己的爱人,却因为手机里的群太多,手一滑,把这条短信发到了一个公开的群里,不仅暴露了自己的隐私,而且错过了撤回的时间,只能让这条短信如同展览一样悬挂在群里,这样的尴尬真的是让人悔不当初呀。尤其是当这样的短信涉及私密的信息,或者是比较隐私的图片时,尴尬就更会如同潮水一样泛滥而来。这样尴尬的局面都是很难避免的,一旦发生之后想要挽回或者弥补也是非常难的,那么就要求我们有机智灵活的头脑,能够顺势而为,化解尴尬。

小江已经进入公司三年了,在工作上小有成就,深得领导喜爱,平日里和领导走得也比较近。最近,公司里来了一批新人,其中有一个女生身材高挑,长相甜美,皮肤白皙,才进入公司就成为了很多男士的梦中情人。小江对这个女孩心生爱慕,在朋友们的撺掇下,小江终于决定鼓起勇气向这个女生表白,因为朋友们对他说:"你不表白,被别人先下手为强,如果女孩心里对你也有好感呢,你岂不是错过了一生的幸福吗?"这天中午吃完午饭,想到朋友们所说的话,小江深以为然,因而赶紧编写了一条示爱的微信信息,想要发给那个女生。

在发出微信之前,小江反复检查自己的措辞,还检查了错别

字，最终确定信息毫无问题，他这才满脸通红地用颤抖的手指点了手机屏幕的发送键，把信息发送了出去。在短短的几分钟里，小江如坐针毡，生怕女孩拒绝自己，一直盯着手机屏幕看是否有回信。却没想到，就在这个关键时刻，顶头上司就把小江叫到办公室里了。

原来，小江只顾着编辑短信，却忽略了把信息发给谁，居然把这条暧昧的信息发给了女上司。要知道，女上司已经是有家有孩子的人了，所以女上司看到短信马上面红耳赤，心情激动，赶紧把小江叫到面前来想要问个究竟。

小江看到女上司把手机摆在他的面前，又看了看手机屏幕上的内容，这才意识到自己把信息发错了对象。他满脸通红地看着女上司，一时之间不知道如何应对。不过，小江的反应还是非常敏捷的。他脑中灵光一闪，对女上司说："是这样的，刘姐，我喜欢公司里新来的那个女孩，想向她表白。但是，我从来没有过谈恋爱的经验，也不知道女孩的心里在想什么。我担心被拒绝，就想把这条信息先发给您，让您给我把把关。毕竟我已经在您手下工作三年多了，您对我也比较了解。所以请您对我知无不言，言无不尽。我要是写得不好您就告诉我，我要是写得好呢，那我就大胆地发给那个女孩。"

原来如此，女上司如释重负。这时，她才再次认真地看了小

第五章 幽默是面面相觑的润滑剂，让尴尬烟消云散

江的信息，并且一本正经地给小江提了好几条意见。小江认为女上司提的意见很有道理，所以根据女上司的意见修改了信息，这次，他在再三确认之后才把信息发给了那个女孩。出乎他的意料，那个女孩对他也是有好感的。在收到小江的短信之后，女孩当即就给小江回复了短信，成就了一段佳缘。

在这个事例中，小江把示爱的信息发给了不该发的人，这是非常尴尬的，还很容易引起女上司的误解。幸好他灵机一动，作出了合理的解释，并且表达了对女上司的信任。女上司得知小江在作出人生重大决策的时候，居然想到要让自己为他把关，非常感动。就这样，一件令人尴尬的事情反而变成了好事，从此之后，女上司也更加关注和器重小江了。

虽然小江与女上司关系很好，但是私下里并没有很深的交往。在经过小江的解释之后，虽然小江的理由看似荒谬，却比尴尬更好，因而女上司也就顺水推舟地接受了小江的解释。这样一来，女上司与小江之间的关系反而更近了一步，从与小江只有工作上的交集状态发展到了有一定的交情，不得不说，小江这是因祸得福呀！

当尴尬发生的时候，哪怕我们的解释是非常牵强的，也是非常荒谬的，但是只要我们与对方都愿意接受这样的解释，这个解

释就是合理的。最重要的在于，我们要机智灵活，随机应变，这样才能用临时发挥出来的幽默能力消除尴尬，化解难题。

出糗也可以做到幽默

最近几年来，"出糗"变成了一个热门词语，很多人都接触到了这个词语，并且学会用这个词语来表达自己的失态，或者表达自己陷入了难堪的境地。例如，很多人在工作上出现尴尬情况时，会说自己上班时出糗了，意思就是说自己在上班的过程中遇到了尴尬的事情，不知道如何应对。这件出糗的事情有可能只是一件不值一提的小事，也有可能是一件比较严重棘手的事情。例如，在上班途中因为担心迟到而往前奔跑，却不小心与异性上司撞到了一起；在第一天上班穿了一件精挑细选的衣服，却没想到和同性上司撞衫了，惹得上司非常不高兴；还有可能，在吃饭的时候，不小心把饭撒在身上了，衣服被弄得脏兮兮的。这些都可以归结为出糗。总而言之，出糗的事情都是令人讨厌的，不那么愉快的。

在出糗的时候，很多人都会觉得尴尬，不知道应该如何应对。有些人恨不得当即就逃离现场，不让他人发现自己做出了糟糕的

第五章 幽默是面面相觑的润滑剂,让尴尬烟消云散

事情。但是事情既然已经发生了,是无法按撤回键的,所以我们只能勇敢地面对。

现代社会的生活节奏越来越快,工作的压力越来越大。尤其是在职场上,竞争更是日益激烈。对于很多人而言,不可能每分每秒都保持着非常严谨的工作状态或者非常认真的生活状态。在工作和生活中,我们因为过于疲惫,会出现疏忽大意的情况,这就会导致出糗。因而不要把出糗当成是一件很糟糕的事情,或者是无法面对的事情。如果我们能够摆正心态,认为出糗是生活和工作的常态,也意识到每个人都会因为各种原因而出糗,那么我们就不会因此而感到慌乱,更不会因此而感到手足无措,反而能够做到从容应对。从心理学的角度来说,对于出糗的态度将会决定我们对出糗采取怎样的做法。我们只有先端正自己的态度,放宽对自己的要求,不再对自己吹毛求疵,对出糗这件事情,我们才能不放在心上。

大学毕业之后,王凯经过层层选拔,过五关斩六将,终于进入了心仪的公司。作为办公室里的新人,他总是主动做好很多事情,有的时候不等到老同事吩咐,他就会积极地承担起一些工作。即使到了中午,大家都已经昏昏欲睡,坐在工位上打着瞌睡,王凯也依然忙里忙外,做着永远也做不完的工作。很多同事都说,

王凯就像打了鸡血一样,永远也不知道疲倦,他们哪里知道王凯作为职场菜鸟,很想好好表现呢!

一天中午,办公室里大多数同事都已经坐在工位上开始午休了,王凯主动承担起为办公室复印资料的任务,因为午休之后大家就要开会,需要用到这份资料。王凯在办公室里出来进去地忙着复印文件,打印资料,也忙着去会议室做好会议准备。在经过办公室里的饮水机时,也许是有同事在接水的时候把水溢出来了,所以地面非常湿滑。王凯眼看着开会的时间近在眼前,因而就一溜小跑地做各种事情,却没留意到脚下是湿滑的,因而咣叽一声摔倒在地上。他怀里原本抱着很多资料和文件,现在全都散落在地上,他自己也摔得四仰八叉,狼狈极了。

同事们正在睡梦中呢,突然听到这样的声音,全都吓醒了。那些清醒过来的同事赶紧站起来,踮起脚尖,伸长脖子,查看王凯到底怎么了。大家看到王凯尴尬的模样,又得知王凯没有受伤,只是在地上摔了个四仰八叉,全都忍不住哈哈大笑起来。王凯当众摔倒,又遭到大家的哄然大笑,原本很尴尬,他赶紧站起来收拾好文件,讪笑说:"看我,太不小心了,不过这地面湿滑有水,我可是给大家探好路了,你们可要注意了!"

听了王凯的话,大家笑得更加开心了,同事纷纷在心里称赞

第五章　幽默是面面相觑的润滑剂，让尴尬烟消云散

王凯，认为王凯的智商和情商都很高呢！

在这个事例中，王凯趁着同事们休息的机会为大家服务，原本是做好事，但是却因为着急不小心摔倒在地上，当众出糗，这就非常尴尬了。但是王凯并没有因此而感到难堪，相反，他采取了非常合理的处理方式，那就是提醒大家，告知大家他已经为大家探过路了，让大家在经过此地的时候避开这个水坑。这样的回答是非常理性的，也是能够得到满分的。因为既然事情已经发生了，摔跤也已经摔了，客观发生的一切都是无法挽回的，既然如此，与其逃避还不如勇敢地面对，最好是能够做到顺势而为，以这件事情为出发点找到解决的办法，帮助自己消除尴尬，这才是当务之急。

除了要顺势而为，帮助自己消除尴尬之外，面对他人的非议，还要学会自嘲。有些人一旦听到他人给自己负面的评价，就会非常愤怒，他们认为他人对自己的评价是不中肯的，因此而迁怒于他人。其实，对于每个健康的人而言，应该学会保持心理平衡，应该学会在遭到非议和抵触的时候，以自嘲的方式对待自己。所谓自嘲，顾名思义就是自己嘲笑自己，也许有些朋友会有疑问——"被别人嘲笑、挖苦和讽刺已经够尴尬的了，我自己为何还要嘲笑自己呢？"的确如此，被他人嘲笑，会让我们很尴尬，

但是自嘲却是一种很好的方式，可以有效地化解他人的嘲笑给自己带来的尴尬。这样就可以顺利地摆脱尴尬的境遇，保持心境的平和。

用幽默消除气氛的坚冰

每当在大庭广众之下发生令自己尴尬的事情时，每个人都会情不自禁地感到难堪，甚至因此抱怨自己或者指责他人。虽然有些尴尬让我们自己感到难堪，但是有一些尴尬却会让我们身边的人也感到非常难堪。那么，当遇到那些威慑力很广的尴尬时，或者是因为被他人的尴尬波及受到心理上的伤害时，我们应该学会平复自己的情绪，端正自己的心态，让自己怀着宽容的心态面对尴尬，而不要太过在意。其实，我们之所以使自己受到了深深的伤害，就是因为我们将事情都看得太重。如果我们能够在内心里把很多事情看轻，那么那些事情就不会真正地伤害我们。

仔细想来，每个人都会想到自己生活中的很多尴尬时刻，例如，在与他人交往的时候叫错了他人的名字，或者是在找人的时候认错了人，这种尴尬令人感到很难堪。有些人在发现认错人之

第五章　幽默是面面相觑的润滑剂，让尴尬烟消云散

后会迫不及待地逃开，生怕他人因此而指责自己，也有一些人非常勇敢，他们在发现认错人之后会主动向他人道歉，承认自己的错误，消除给他人带来的困扰。这样的两种做法，尽管都能够帮助我们暂时解决问题，但是并不能真正地帮助我们消除尴尬。当我们因为这些尴尬的错误而导致与人相处陷入尴尬状态的时候，与人相处的气氛就会如同坚冰一样凝结，我们又该怎么办呢？

王丽是一家化妆品公司的推销员。借着周末的机会，她去某小区里进行产品推销。她拎着样品从一户人家走出来，来到小区里的道路上，突然发现前面有一个熟悉的身影。王丽开心极了，她认出这是她的好朋友乔慧的身影，因而她赶紧追上前去，轻轻地拍了对方的肩膀一下。这个时候，对方诧异地扭过头来，王丽这才发现对方并不是乔慧。她感到非常慌乱，生怕对方因此而责骂她，正在这个时候，她灵机一动，想起了一个好方法。

看着对方诧异的脸，她举起手中推销的小样，对对方说："您好，女士。我从后面看您的身材非常曼妙，相信您一定是个美人坯子。果不其然，您长得简直美若天仙呀。我是某某公司的推销员，我想向您推销我们公司最新出来的产品。这个产品的效果非常好，我想，这是值得您使用的。所以我准备送给您一份样品，您可以试用一周的时间。如果觉得好用，您可以联系我购买，我

117

一定给您最优惠的价格,好吗?"

听到王丽的恭维,那位女士的脸上隐隐的愠怒消失了,她马上对王丽说:"哦,那谢谢你啊。需要给你留电话吗?"王丽当然求之不得啦。这个时候,王丽赶紧加了对方的微信。在试用小样几天之后,这位女士对于王丽的产品非常满意,还主动给王丽发微信,让王丽给她送货上门呢!就这样,王丽虽然认错了人,非但没有引起争执和冲突,反而成功地销售出去一套化妆品,这全都得益于王丽能够成功地用幽默化解尴尬啊!

认错人在生活中时常发生。有的时候,对方也并不会准确地记得是否认得我们,那么,如果我们不仅仅拍了对方的肩膀一下,而且还热情地走向对方,甚至向对方伸出了双手,想要和对方握手,直到这时才发现认错了人,那么凭着惯性,我们想要及时地止住自己的脚步已经来不及了。在这种情况下,我们不如将错就错,假装自己认识对方,和对方寒暄。也许对方在此过程中会感到丈二和尚摸不着头脑,但是只要我们依然非常热情地对待对方,对方就会对我们也产生好感,甚至迎合我们,和我们简单地寒暄。热情地打过招呼之后,我们再从容地离开,让认错人的尴尬变成美好的邂逅。

人们常说,有人的地方就有江湖。其实,有人的地方就会发

第五章　幽默是面面相觑的润滑剂，让尴尬烟消云散

生各种各样的失误，很多人因为这个失误而陷入尴尬的境遇，使人际交往出现坚冰。与其尴尬道歉，还不如将错就错，以幽默来消融坚冰，与他人之间建立良好的关系呢！只要我们能够最大限度地发挥幽默的作用，这个结果是可以实现的。

以柔克刚，挽救"失态"

面对自己无法应对的尴尬局面，有些人选择逃避，有些人选择无视，有些人选择自欺欺人，也有些人选择把自己的头埋藏在愤怒之中，假装自己是一只鸵鸟，看不到尴尬的局面。不得不说，在失态的时候，在愤怒的驱使下，做出上述的各种举动，对于我们而言并不能得到好结果。

从心理学的角度来说，一个人生气或者愤怒，选择以发脾气的方式掩饰自己真实的心理状态或者是情绪状态，这是内心脆弱的表现。这么做并不能解决问题，反而会使我们陷入更大的尴尬或者更被动的局面之中。如果对方比我们强大，那么我们面对对方就无法占据上风，渐渐地就会让自己的脾气消失。如果我们比对方更加强大，那么我们就会居高临下，对对方大发雷霆，这显

然涉嫌恃强凌弱。

举个最简单的例子，孩子们在学校里跑跑跳跳，如果在跑跳的过程中不小心撞到了老师，那么孩子一定会连声地向老师道歉；如果孩子们在跑跳过程中撞到了比自己弱小的同学，那么他们甚至还会训斥对方不长眼，挡住了自己的去路。这就是心态使然。当感受到自己面临尴尬，即将失态的时候，我们应该学会克制坏脾气，克制冲动，这样才能做到以柔克刚。

真正高明的幽默者在面对尴尬的时候，不会采取上面因人而异的态度，不会因为对方比自己更强大，就向对方示弱，也不会因为自己比对方更强大，就向对方表现出强势的一面。在中国古代哲学中，很多人都崇尚以柔克刚，这是因为刚和柔虽然是相克的，但是在一定的条件下，它们也是可以互相转化并且相生的。在社会生活中，强大与柔弱之间同样可以呈现出这样的关系，所以我们完全能够通过以柔克刚的方式，维护自己的尊严和面子，真正地消除尴尬，摆脱困局。

冯亚楠是一个美丽的女孩。大学毕业后，她进入一家外企，在前台负责接待工作。因为形象好、气质佳，所以她给同事们和客户们都留下了良好的印象。

这段时间，公司里正在筹备参加展销会的事情，要把公司推

第五章 幽默是面面相觑的润滑剂，让尴尬烟消云散

出来的新产品和经典产品带入展销会进行展览。冯亚楠在展销会上也有自己的任务——负责引导参观的人群来到公司的展位面前，并且向参观人群介绍公司的产品。在展销会上，冯亚楠可真正见识到了什么叫人山人海。很多参观者都拥入了展销会的展厅里，摩肩接踵。冯亚楠初次应对这样的局面未免有些惊慌，也非常忙碌。对于参观者提出的各种各样的问题，她都全力解答，也忙不迭地带着参观者们了解产品。

正当冯亚楠全力投入地做好自己的工作时，突然被人撞了一下，猝不及防地倒在地上。她原本抱着很多彩页资料，结果现在资料全都散落在地上。冯亚楠在倒地的一瞬间，只看到一片或长或短、或粗或细的腿，不由得惊叫起来。因为被撞的力道很大，所以她在倒在地上之后感到浑身疼痛，一时之间无法站起来。这个时候，冯亚楠抬头观察，发现撞倒他的是一个身强体壮的男士。直到这个时候，他还没有意识到自己把人撞倒了，正在环顾周围，仿佛正在急切地找人呢。冯亚楠站了起来，生气地瞪大了眼睛，盯着那个身强体壮的男子恶狠狠地看着。

看着冯亚楠的表现，那名男子有些莫名其妙。这个时候，冯亚楠意识到自己是展会的工作人员，与参展的人产生冲突可不是明智的做法，因而她揉着自己被撞疼了的胳膊，以抱怨的口吻对这位男士说："这位先生，您把我撞倒了没关系，但是如果您把我

们公司的产品撞坏了，您可是要照单购买的。"听了冯亚楠的话，这位男士才意识到自己撞倒了冯亚楠，赶紧向冯亚楠道歉，并且蹲下去帮冯亚楠捡起散落一地的资料。就这样，冯亚楠不但指责了男士，还消除了自己的尴尬。后来，这位男士得知冯亚楠公司展示的产品正是他所需要的，因而顺水推舟地通过冯亚楠下了一笔大订单，还特意指定让冯亚楠负责对接呢！原来，冯亚楠不仅仅是被一位男士撞倒了，还是被财神爷撞倒了呀！

在这个事例中，如果冯亚楠得理不饶人，对着男子不依不饶，揪住男子的错误指责男子，和男子吵闹不休，那么在众目睽睽之下，她不但会让自己出丑，还会让男子出丑，男子怎么会通过冯亚楠订购产品呢？所以，冯亚楠在当时所做的选择决定了这件事情的后果，不得不说，冯亚楠的情商还是很高的，而且她的表达也很有幽默感，这样才给男子留下了良好的印象，也最终促成了交易的达成。

其实，冯亚楠有理由指责和训斥男子，但是她没有这么做，而是采取了以柔克刚的方式，委婉地提醒男子撞倒了她，这样就让男子认识到了自己的错误。此外，冯亚楠当着众人的面摔倒在地上，也感到很尴尬。她正是以宽容的胸怀和幽默的语言彰显了自己的高境界。在这次语言的博弈和心理的较量中，冯亚楠以柔

第五章 幽默是面面相觑的润滑剂，让尴尬烟消云散

克刚占据了上风，也占据了主动，并且趁此机会实现了一笔交易，在工作上也有了出色的表现，可谓是一举数得。

对他人有意或者无意对我们造成的伤害，我们如果采取过激的态度应对，做出过激的举动，只会陷入更大的尴尬之中。如果采取以柔克刚的态度去应对，宽容地对待对方，不仅能彰显出我们的修养，也能圆满地解决问题。

"脑洞"大开，消除尴尬

人生之中很难始终保持岁月静好的状态，太多人的人生都是阴晴不定的，时而平顺，时而充满坎坷，时而让人感到甜蜜，时而又让人品尝到苦涩，时而风平浪静，时而狂风巨浪。面对如此复杂多变的人生，我们与其一味地抱怨，一味地逃避，还不如换一个角度去看待和处理问题，这样才能占据主动的地位，以更为开阔的视野看待问题，使问题得到更圆满的解决。

人是主观动物，很多人都会情不自禁地被困于主观的局限之中，去判断和解决很多问题。实际上，这样做是非常不理性的。辩证唯物主义提出，对任何事情都要一分为二地看待和剖析，而

不能只凭借主观意图去进行单方面的揣测和判断。因为每件事情都既有好的一面，也有坏的一面，这就像一个人既有缺点，也有优点。从这个角度来看，这个缺点也许很糟糕，但是换一个角度来看，这个缺点又能够转化成优点。我们只有学会不停地变换角度，全方位地看待各种各样的事情，才能以更加客观公允的态度评价这些事情。

面对尴尬也同样如此。有的时候，我们面对尴尬，迫不及待地想要逃避，也恨不得尴尬从未发生过，其实只要换一个角度，我们就会发现只要以合适的态度去面对，那么就能够消除尴尬。

美国南北战争时期，华盛顿在家里招待客人。当时天气很冷，所以家里的壁炉燃烧得非常旺，火苗呼呼的。很快，寒冷的屋子里温度就快速提升，华盛顿感到太热了。原本，他后背对着壁炉坐着，正在和客人们交谈，因为感受到后背炽热难耐，他就转过身体，面朝壁炉坐着。这个时候，一位客人调侃华盛顿说："将军，您可是英勇无畏、骁勇善战的将军呀，必须顶住战火的洗礼！"听到这位客人这么说，华盛顿当即回应道："这位先生，我正是因为知道自己是将军才会直面战火，否则我如果始终用后背对着战火，那岂不是涉嫌临阵逃脱了吗？"

第五章 幽默是面面相觑的润滑剂，让尴尬烟消云散

对于客人的调侃，华盛顿当即作出了机智幽默的应对。他并没有否认客人的话，而是承认客人说他应该顶住战火这个道理，从而引申出自己应该直面战火。华盛顿以这样幽默的方式解释自己的行为，不但能够化解尴尬，还能够得到客人的钦佩和敬畏。正是因为华盛顿如此机智幽默，正是因为他如此勇敢无畏，所以他才能够得到美国人民的拥护和爱戴。

具体来说，我们应该如何做，才能做到脑洞大开，消除尴尬呢？

首先，我们可以换一个角度看待问题。很多人在看待问题的时候总是从一个角度去看待，很少有人会有意识地换一个角度看待问题。当我们做到主动换一个角度看待问题时，就会看到事物不同的一面，也会对事物有更加深刻和全面的认知。这一点在生活中就能得到验证。例如，站在这座山上看远处的风景和站在那座山上看远处的风景，所看到的风景是不同的。有的时候，一件好事情也可能转化为坏事，一件坏事也有可能转化为好事。在古代，有句话叫作塞翁失马，焉知非福，这句话告诉我们一个道理，同一件事情既有可能是好事，也有可能是坏事，最重要的是要看到这件事情的利弊，才能从容地应对这件事情引起的后果。

其次，我们要摆脱固执的想法，做到既不盲目地顺从他人，也不盲目地拒绝他人的合理建议。很多人都喜欢对他人提出意见。

当他人给我们提出合理意见时，我们应该积极地思考和采纳。当他人对我们提出的建议不合理时，我们要坚持自己的主见，而不要盲目地改变自己。一个人即使再怎么努力，也不可能得到所有人的认可；一个人即使能力再强，也不可能仅凭自己的力量解决所有问题。所以在遇到问题的时候，我们都要避免钻牛角尖，这样才能做到从谏如流。

最后，必要的时候，我们应该学会换位思考。人是主观动物，总是站在自己主观的角度上看待问题，就会使自己局限在主观的思维之中，很难跳脱出去，全面客观地看待问题。正是因为如此，在与他人发生冲突或者是矛盾的时候，我们才会固执己见，才会总是试图说服他人。如果能够做到换位思考，也就是把自己放在他人的角度上看待问题，考虑到他人的感受，我们就会对他人更加理解和宽容。举例而言，我们在走路的时候不小心和他人撞到一起，因为疼痛而当即不假思索责怪他人，那么如果换一个角度来看这件事情，我们就会想到他人猝不及防地和我们撞在一起，也一定会感到很疼。想到这一点，我们还会指责他人吗？

学会换位思考，还有助于我们与他人产生共鸣，对他人产生共情，这样我们就能理解和感受他人的苦衷，也能化解与他人之间的尴尬。

总而言之，不要总是局限于自身的角度看待问题。对于很多

第五章 幽默是面面相觑的润滑剂,让尴尬烟消云散

尴尬的事情,对我们而言是尴尬,对于他人同样是尴尬,所以我们既要考虑到自己的感受,也要考虑到他人的感受,既要从这个方面看待问题,也要从那个方面看待问题,这样才能更加客观更加公正,也才能更圆满地处理好问题。

第六章
幽默是职场达人的催化剂，让你处处受人欢迎不讨嫌

很多人误以为在职场中一定要一本正经、表情严肃，这样才能把事情做好，其实这样的想法并不完全正确。在职场上，我们虽然要凭着实力辛苦打拼，但是适度地发挥幽默的能力，让自己处处受人欢迎，对于我们职业生涯的发展而言是一种强大的助力，也是至关重要的。幽默不仅能够活跃职场上的氛围，给自己和周围的同事带来更多的欢声笑语，还能够化解同事之间的矛盾和冲突，传递出积极友善的信号。在这样的良好氛围中，我们的职业生涯才会更为顺利。

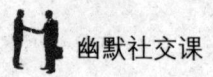 幽默社交课

打造良好的第一印象，幽默的自我介绍不可少

在职场生活中，我们不管是第一天进入新的环境中工作，还是在工作的过程中需要去拜访客户，与客户见面，都少不了要进行自我介绍。很多人都认为每个人都要推销自己，自我介绍就是我们推销自己的方式，能够让我们在第一时间向别人推销自己，也能够给别人留下深刻的印象。当然，关键在于我们的自我介绍必须别开生面，幽默风趣，这样才能取得预期的效果。如果我们只是用三言两语就介绍了自己的情况，就很难引起他人的关注，也很难给他人留下好印象。

很多人的性格比较内向，不喜欢在人前抛头露面，即使在公开场合里需要公开介绍自己，他们也会以三言两语就说清楚自己的情况，这就导致他们不能凭借自我介绍的机会，让他人记住自己，从而无法成功地推销自己。尤其是在其他同事的自我介绍都平淡无奇的情况下，如果我们的自我介绍能够以幽默出彩，那么我们就会顺利地达成目标。

第六章　幽默是职场达人的催化剂，让你处处受人欢迎不讨嫌

前文我们说过，与陌生人相处，如果能够恰到好处地发挥幽默的沟通技巧，就能够拉近与陌生人之间的距离，也能够增进与陌生人之间的关系。在这样的情况下，幽默可是立下了大大的功劳。那么，在公众场合中自我介绍，只要以幽默润色，我们同样可以给他人留下深刻的印象，这对于与陌生人建立关系大有裨益。

小连刚刚入职这家房地产经纪公司，还没有做出出色的成绩呢。正好到了年底，公司要举行年会，小连想借助这个机会表现自己，所以主动报名参加了年会的表演。在年会上，小连非常搞怪，逗得在场的人全都哈哈大笑，几乎所有人都对他留下了深刻的印象。就连老总都询问旁边的人"这位从未见过的同事叫什么名字"。

那么，小连到底是如何搞怪的呢？原来，他上台之后先进行了一番自我介绍。他对大家说："大家如果没有见到我本人，只是听到我的名字，一定会以为我是一个小女孩吧。因为我的名字叫连家珍，大家可能会想起莲叶何田田，还有可能想到我作为女孩是被家人视若珍宝的。其实我是一个老爷们儿，虽然我长得小，但是我的心可不小，我非常有野心，发誓要做出一番事业；虽然我长得白净，但是我的心可'黑'着呢，为了获得成功，我必须对自己下狠心下黑手，我想要得到整个世界。"听到小连的自我介

绍，同事们虽然褒贬不一，但是大家都同时记住了小连。后来，小连在表演的时候又特别卖力，逗得大家全都笑得前仰后合，大家不记住他才怪呢！

年会之后，小连在工作上也非常努力，做出了成绩之后便赢得了领导的关注。后来，他更是一路高歌猛进，最终进入了总部，成为了部门经理，这使他有更多机会与老总见面。即使过去了很长时间，老总还常常提起他在当年年会上的搞怪表现呢！

我们不仅需要在公开的场合里看重自我介绍，在很多私底下的场合中也同样需要自我介绍。做介绍是推销自己的重中之重，心理学领域的第一印象，就告诉我们必须给他人留下良好的第一印象，他们才会形成对我们的好印象。在这种情况下，我们如果总是遮遮掩掩，不敢大胆地表现和推销自己，那么就会埋没自己。例如，在面试的过程中，很多年轻人在面试之前都会耗费大量的时间、心力和金钱制作一份非常精美的简历。简历固然能够让用人单位更加了解我们，但是真正要想给对方留下深刻的印象，我们还要在自我介绍上下更多功夫，花费更多心思。

对于自我介绍的理解和认知，我们不能仅仅局限于正式的自我介绍，而是要意识到自己与对方的每一次沟通与互动，都会给

第六章 幽默是职场达人的催化剂，让你处处受人欢迎不讨嫌

对方留下深刻的印象。所以如果在正式的自我介绍中没有达到预期的效果，那么在接下来的沟通中，我们还可以把自我介绍渗透进入表达之中，从而让对方对我们更加了解，也更加认可。

自我介绍看似简单，实际上所起到的作用可不小！一个好的自我介绍，有可能让我们得到一个非常难得的机会。例如，曾经有个年轻人把简历投递到一家大公司，想要谋求一个好职位。然而，他在投递了简历之后却接连收到了这家公司的两封抱歉信，说他不符合公司的要求，希望他能够找到更好的工作。对于这两封接踵而至的抱歉信，换作其他人，也许会愤愤不平或丧失信心。但是年轻人却很平静，他当即回信给这家公司的人力资源主管，以幽默的方式说："既然贵公司很遗憾不能录用我，我觉得完全可以给我一次机会参加面试，说不定在面试过程中，我会有令大家眼前一亮的表现呢。"在年轻人的努力争取之下，这家公司的人力资源主管果然破格给了他一个面试的机会。这个年轻人毕业的院校虽然不符合公司的要求，但是他的机智风趣幽默却与公司的文化非常契合。最终，大家经过商讨，一致同意破格录用这个年轻人。就这样，年轻人反而得到了一个更好的职位。

被拒绝没关系，因为拒绝有可能意味着彼此之间彻底错过，也有可能意味着彼此之间将会有一个全新的开始，最重要的是我们要心怀希望，有一颗锲而不舍的心，并且以实际的举动给对方

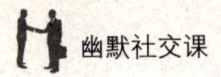

留下良好的印象,这样对方才会更愿意提拔我们。

幽默让同事关系更加和谐融洽

同事关系是比较特殊的关系,它既不像朋友关系那么亲切随意,也不像与客户之间的关系那样紧张僵硬。在工作的场合中,同事其实是伙伴,尤其是在现代职场更讲究分工与合作的情况下,每个人都要慎重地思考如何更好地与同事相处,因为同事关系的好坏往往决定了我们能否把工作做得更好。如果同事之间的关系很不融洽,那么彼此之间的合作就会面临各种问题;如果同事之间的关系和谐融洽,那么人人都能保持愉快的心情投入到工作之中,这样即使面对艰巨的工作任务,大家也可以同心协力地解决难题,取得较好的结果。有些人虽然工作的能力很强,也做出了一些成就,但却因为与同事之间的关系没有搞好,所以面对晋升的机会往往受到阻碍。尤其是对于那些需要投票来决定是否得以晋升的好机会,群众基础更显得重要。

在工作的过程中,要想与同事之间建立和谐融洽的关系,我们就要发挥幽默的能力。如果一个人总是明哲保身,事不关己,

第六章 幽默是职场达人的催化剂，让你处处受人欢迎不讨嫌

高高挂起，当别人陷入纠纷和麻烦之中时无动于衷，冷眼旁观，那么他渐渐地就会把自己孤立于群体之外。等到他遇到困难和挫折的时候，其他人也会以同样的方式对待他，这无疑是很糟糕的。

在人际交往中，很多人都说人与人之间是相互的，如果我们能够做到尊重和平等地对待他人，那么他人也会尊重和平等地对待我们。同样的道理，如果我们能够友善地对待他人，主动与他人分享快乐，慷慨地对他人伸出援手，那么他人也会怀有真心，热忱地对待我们。现代职场分工越来越精细，人与人之间的合作越来越密切，如果我们不能与同事建立良好的关系，那么就会距离自己的职业目标越来越远。切勿小看同事之间关系的重要性，在职场上，同事关系是否和谐融洽，丝毫不逊色于我们的工作能力是高还是低之重要。

当然，对于同事，我们不应该太过苛责。很多人对于友情是非常苛刻的，他们希望与朋友之间亲密无间，坦诚相见，也希望与朋友之间做到志同道合。对于同事，我们应该适当地放宽要求，以包容和理解的心态面对同事所做出的一切决定和举动。即使对于那些与我们并不志趣相投的同事，我们也应该积极地与他们分享快乐，与他们分享成功的喜悦，这样才能与同事建立心灵的默契，在遇到难题的时候，也能够和同事齐心协力，一起战胜困难。

同事之间朝夕相处，在工作中，我们除了早晚回家，在家里经过一段时间的休息之外，白天总是与同事在一起。一个人和同事在一起度过的时间是很长的。白天里，我们与同事之间的沟通，比回到家里之后与家人的沟通更多。这样亲密无间的关系，使我们很容易发现同事的缺点。那么，我们要怀着宽容的态度对待同事，不要总是挑剔和苛责同事。俗话说，金无足赤，人无完人。每个人身上都会有各种各样的优点和缺点，这是正常的。同样的道理，我们自身也有很多优点和缺点。所以，我们宽容同事其实也就是宽容自己，我们包容同事也是在包容自己。在职场上，我们应该适度降低对同事的期望。既然每个人都是普普通通的凡人，那么我们就应该看到自己的缺点和不足，也看到他人的优势和长处，从而积极地向他人学习，也主动地与他人展开合作。

对于身上有不足之处的同事，我们不要揪着他们的错误不放。对于有些同事表现出的自私、任性等特点，我们也应该宽容大度。要知道，理想是丰满的，现实却是骨感的，我们对同事最大的期望就是与同事齐心协力地解决问题，而不是要求同事必须达到自己的预期。在现实的职场上，很多人一味地挑剔同事身上的缺点和不足，却从来看不到同事的优点和长处。他们总是挖苦同事的缺点和不足，讽刺同事，这种做法对于建立良好的人际关系是非常不利的。

第六章 幽默是职场达人的催化剂,让你处处受人欢迎不讨嫌

要想经营好同事关系,我们就要端正心态,善于发现同事的优点。即使在合作或者是工作的过程中,同事做的很多事情不能达到我们的预期,或者损害了我们的利益,我们也应该宽容以待。因为只有宽宏大量地对待同事,同事才会宽宏大量地包容我们。此外,当我们表现出体谅与宽容同事的胸怀时,同事就会更加倾向于接近我们,我们与同事的关系就会更好。

不可否认的是,同事之间就像牙齿和舌头,难免会磕磕碰碰。在这种情况下,因为利益之争,因为观念不同,我们与同事之间很容易发生冲突,甚至冷战。那么,我们应该主动伸出橄榄枝,与同事和好。

小米和小叶是同用一张办公桌的同事,她们的关系就像上学时候的同桌一样,所以她们之间非常亲密。不管是吃饭还是去茶水间,她们都会结伴而行。然而,因为工作上的接触,她们会因为观点不同而出现分歧。有一次,因为对一个项目的理解不同,她们争吵得很厉害,谁也不理谁,彼此之间一直保持着沉默。

转眼之间,三天过去了,性格开朗外向的小米没有了小叶说心里话,感到非常寂寞。这天,趁着小叶坐在工位上,小米忍不住打开所有的抽屉,开始翻箱倒柜地寻找东西。看到小米这样大

动干戈,小叶终于忍不住问道:"你找什么呢?这里都快被你翻个底朝天了!"小米正等着小叶问这句话呢,她当即幽默地说:"我当然是在找你的嘴巴呀!你的嘴巴肯定是丢了,否则怎么一句话也不说呢?这几天,都快把我憋死了!"听到小米的话,小叶忍不住哈哈大笑起来。就这样,她们尽释前嫌。从此之后,她们虽依然会因为工作上的分歧而发生争吵,但是很快就会和好,并且她们约定不把工作上的分歧带入生活中,更不要因工作上的分歧而影响姐妹情感。

这就是幽默的魅力,对于彼此之间互不相让谁也不理谁的僵局,小米就这样以幽默的方式,聪明地消融了坚冰,让自己和小叶的关系在转瞬之间恢复如常。小米是运用幽默技巧的高手,所以她才能达到这样的效果。

当然,这与小米拥有宽容博大的胸怀也是密不可分的。如果小米始终认为是小叶犯了错误,自己说的才是对的,那么她就不会主动地与小叶和解。换而言之,小米是先从心里接受小叶的不同观点,才能做到主动和小叶和解。总而言之,职场上的事情都是与工作相关的,我们与同事之间进行工作上的讨论是很正常的,因而没有必要因为工作把战火蔓延到生活中,影响与同事的关系和感情,这样是得不偿失的。

第六章 幽默是职场达人的催化剂,让你处处受人欢迎不讨嫌

幽默地提出意见

在职场上,当同事或者是下属、上司针对工作有不同的看法,或者是针对业务开展有不同的建议时,我们需要表达出自己的意见,一则是为了让对方了解我们真实的意图,二则是为了说服对方采纳我们的合理建议。在这种情况下,语言能力的提升显得尤为重要。很多时候,作为领导对下属下达命令是直接的。那么作为下属,如果想向领导表达出自己的不同意见,则需要仔细斟酌,合理表达,这样才能避免得罪上司,也才能让自己的表达起到预期的效果。如果因为对上司提出意见而给上司留下糟糕的印象,那么非但不能按照预期让上司采纳自己的意见或者建议,反而会因此而得罪了上司,使自己未来的职业生涯遭遇阻碍。有些上司胸怀博大,对于下属提出的意见,他们认为合理则采纳,认为不合理则驳回,不会因此而心怀芥蒂。但是也难免有些上司心胸狭隘,一旦下属对他们提出意见的方式不够恰当,他们就会因此对

下属怀有偏见，这就使下属的职业生涯发展越来越艰难，处境也会越来越糟糕。

作为下属，在准备对上司提出意见的时候，一定要讲究表达的方法和技巧。最好的方法就是以幽默的方式和上司提出意见，这样既能够避免上司被提意见的尴尬，又能在提意见的过程中给上司带来欢笑，更容易获得皆大欢喜的结局。

需要注意的是，在职场上，每个人都会出现各种各样的失误，不仅作为下属有的时候需要向上司提出意见，作为上司在看到下属工作上出现失误的时候，或者认为下属的工作不能达到自己的预期时，也同样需要对下属提出意见。

对下属提意见，上司如果粗暴地命令下属怎么做，有可能会激发起下属的逆反心理，使下属大打折扣地执行上司的命令。既然工作最终的目的是希望获得更好的结果，那么我们就应该更用心地对待工作。所以即使作为上司在给下属提意见的时候也应该讲究方式方法，这样才能让下属欣然接受。

大学毕业后，小刘进入一家学校当起了计算机老师。他在大学里所学的专业就是计算机，正好学校里要开设微机室，所以小刘就成为了抢手的人才。一家村小几次三番向中心校校长打报告，

第六章 幽默是职场达人的催化剂，让你处处受人欢迎不讨嫌

才把小刘调到他们学校里专门负责计算机的教学，同时负责管理学校的微机室。看起来小刘去了村小，实际小刘肩上工作的担子却更重了。

当时正值炎热的夏季，小刘在微机室工作了几天之后，忍不住向校长提出意见，建议校长为微机室安装两台大功率的空调。他对校长说："计算机特别怕热，如果室内的环境温度比较高，再加上计算机自身的散热，所以计算机很容易死机。"然而，校长对此不以为然，他说："两台大功率的空调要上万块钱呢！学校里可没有这么多的经费呀！而且，学校里的钱都是有限的，必须花到刀刃上，我觉得你能坚持就坚持一下吧，不行的话，上课时把窗户打开。"听到校长这么说，小刘无奈地笑了笑。

这一天，中心校组织各个学校的校长带着分管计算机的老师去中心校参观大机房。到了中心校，才走到机房门口的时候，小刘就故作夸张地说："哇，你们这里的空调可真凉快呀！你们的计算机待遇简直太好了！"听到小刘这么说，负责介绍的老师说："计算机最怕热了，如果老是热得中暑死机了，那么损失可就惨重了。一台计算机主机的钱就够买大半台空调了，孰轻孰重我们可要分得清呀！"听到负责的老师这么说，小刘趁此机会赶紧又对校长说："校长，您听到了吧？计算机比咱们都金贵，我看啊，就算咱们中暑，也不能让计算机中暑！您说对不对？"听到小

刘的话，校长连连点头。回到学校之后，小刘直接打了购买空调的报告给校长，校长这下再也无话可说了，当即就批准了小刘的申请。

小刘此前向校长申请安装空调，也许没有把握合适的时机，最重要的是他没有找到合适的方式。借助于这次去中心校参观的机会，看到负责的老师说起了计算机容易中暑，小刘这才受到启发，脑中灵光一闪，也以幽默的方式提醒校长计算机比他们都更金贵，要预防计算机中暑，这才使校长意识到了保证微机室环境温度适宜的重要性。正是因为如此，对于小刘提交上来的购买空调的申请，校长就不会驳回了。

在职场上，因为工作的关系，我们与其他同事之间难免会产生意见分歧。为了合理地提出自己的建议，让自己的建议被上司所接纳，我们在提建议的时候一定要讲究方式方法，更要大力发挥幽默的魅力。只有这样，我们才能以更好的方式提出建议，也才能尽量说服上司接受和采纳我们的建议。

第六章　幽默是职场达人的催化剂，让你处处受人欢迎不讨嫌

多和下属开玩笑

一直以来，中国人都比较严肃，尤其是在职场上，大家都秉承着职权分明的原则。在西方国家，人们特别看重幽默，甚至会把幽默作为一项重要的品质。为了研究管理者的管理模式及效果，美国有一家机构曾经进行了一次专项调查。他们在调查了1000多名管理者的工作现状之后，发现有七成以上的管理者会发挥幽默的能力，打破与员工之间的沟通僵局；有超过一半的管理者认为要想顺利地开展业务，必须借助于幽默这种方式才能拉近与客户之间的关系，他们甚至认为企业应该聘请一名幽默顾问，这样才能随时随地地帮助员工放松心情，让员工怀着轻松愉悦的心情面对工作。由此可以看出，美国人对幽默真的特别看重。

随着经济的发展，很多西方的管理思维进入到我国，因此，我国的很多管理者同样开始看重幽默的魅力。尤其是对于现在的年轻人而言，他们大多数都是家里的独生子女，从小在家中娇生惯养，所以采取传统的、简单粗暴的、以上对下的方式来管理，

显然已经不合时宜了。我们应该学习"时尚"的管理方式，以幽默拉近与下属之间的距离，改善与下属的心理关系，增进与下属的感情，这样才能让管理工作顺利开展。

那么，如何才能与员工开玩笑，从而让员工更加亲近我们呢？有些上司担心经常和下属开玩笑，会在下属面前失去威信，无法向下属传达命令，更无法让下属坚决执行自己的命令；也有些上司对此毫不担心，他们认为与其在下属面前端着架子，让下属疏离自己，还不如和下属打成一片。其实，具体采取哪种方式进行管理工作，这是要因人制宜的。既要根据管理者的性格、脾气、秉性等因素做出调整，也要根据公司的企业文化和氛围做出调整。从心理学的角度来说，人对客观事物存在好恶的倾向，如果一个人非常亲近另外一个人，那么他就能与之搞好关系。反之，如果一个人非常讨厌另外一个人，那么他就会故意疏远这个人，不愿意亲近这个人。所以作为上司，管理工作的本质恰恰是与人搞好关系，形成凝聚力，这样整个团队才能爆发出更为强大的力量。人们常说，笑一笑，十年少。其实，笑一笑不但能够让我们保持年轻的心态，也能够让我们与他人之间的关系更加亲近，对此很多领导者都心知肚明。并非只有纯真的、无忧无虑的儿童才喜欢开玩笑，作为高高在上的领导者，固然要以严肃的面孔面对员工们，但是有的时候也要和员工们一起开怀大笑，这样才能激发员

第六章 幽默是职场达人的催化剂,让你处处受人欢迎不讨嫌

工内心的动力,让员工们全力以赴地把工作做好。

俗话说,新官上任三把火。孙楠刚刚升任部门主管。原本,他和同事们一样都是普通的员工,现在他摇身一变成为主管,如何才能够管理好曾经是同事、现在是下属的那些员工呢?对于孙楠来说,这可是一个难题。他不想刚刚升任新的岗位就对员工们发号施令,他也不想还和以前一样和员工们平起平坐,毕竟他已经摇身一变成为了领导者。那么,他就要把握好自己的身份,也要与员工之间建立恰到好处的关系。

孙楠上任这一个月以来,部门里有一个职员每天都迟到,有的时候还会迟到很长时间。看到这样的情况,孙楠很清楚如果自己不能及时处理好这件事情,那么其他同事就会和这个员工一样,也会渐渐地出现迟到早退的情况。

周一早晨,大家都早早地来到会议室里,等待着开会。这个时候,那名员工满头汗水地出现在办公室门口。看到那位员工出现,孙楠意识到自己的好机会来了。他面带微笑地对那个员工说:"刘强,你每天都迟到,我认为这可不是你的问题。"听到孙楠的这句话,大家都瞪大了眼睛好奇地看着孙楠,不知道孙楠葫芦里到底卖的什么药,甚至认为孙楠是不是脑子有问题,居然认为迟到不是员工的责任。

145

正在同事们议论纷纷的时候,孙楠接着说:"我觉得你之所以迟到,都是因为你的闹钟失职了。所以我定制了一个比较人性化的闹钟作为礼物送给你。此刻,这个闹钟就躺在我的办公桌里呢,一会儿散会了,你就可以去办公室找我拿。在拿到这个闹钟之后,我想你再也不会迟到了。要记住,你将会体验到这个闹钟人性化的服务。"听到孙楠说得很玄妙,这个时候,另外一个员工喊道:"什么叫人性化的闹钟啊,有什么特点呢?"

孙楠笑起来,故作轻松地说:"这个闹钟跟普通的闹钟不一样,它发出的闹铃声刚开始是普通的闹铃声,接着是鸣笛的声音,然后还会发出敲锣打鼓的声音。我已经试验过了,敲锣打鼓的声音真的震耳欲聋,能够赶走瞌睡虫。最后,它还会使出撒手锏发出爆炸声。如果这些声音都不能把一个人从床上喊起来,没关系,这个闹钟最特别的地方在于它会对着床上喷水,把水喷到你的脸上,帮助你在最短的时间内清醒。"

孙楠话音刚落,大家全都哈哈大笑起来。这个时候,孙楠又说:"这还不是它最最终极的撒手锏呢!它真正的独特之处在于,当你在最后的爆炸声中依然赖在床上不愿意起床时,它就会自动打电话给我,帮你向我请假。这样一来,我就会扣掉你这一天的工资,即使你来到了单位,很抱歉,你这多半天也只是在义务劳动而已。当然,这个闹钟的功能如此全面和强大,肯定不是免

第六章 幽默是职场达人的催化剂，让你处处受人欢迎不讨嫌

费的。出于人性化的考虑，对于这个价值上万的闹钟，公司可以负担一半的费用。如果在座的各位也有这样的需求，可以向我订购。"听到孙楠这么说，那位迟到的员工当即满脸羞愧地向孙楠保证："领导，领导，我不需要这个闹钟。我保证再也不会迟到了！"

就这样，孙楠不但解决了这个同事迟到的问题，对于部门里的其他同事也都起到了震慑的效果。从此以后，孙楠的部门里，出勤率始终保持着全公司的最高水准。

很多管理者都会因为员工迟到的问题感到头疼，虽然他们几次三番地与员工谈心，甚至对员工下达最后的"通缉令"，但是员工却依然迟到。在这种情况下，领导者的权威不断地被削弱。其实，领导者无须反复地对员工下达最后通牒，只要告诉员工他们不来上班，或只要迟到就算旷工即可。当然，孙楠的做法更加明智，他当着所有人的面公开宣布迟到的后果，而且还借着告诫这位员工的机会告诫所有人。这样一来，整个部门的工作作风都大为好转。

作为领导者必须明白，如果总是对员工板起面孔，那么员工就会疏离自己，自己如果能够做到对员工风趣幽默地表达，表现出很强的亲和力，那么就能够与员工更加亲近，对员工产生强大的影响力。现代社会的人并不会盲目地巴结领导，即使作为领导也无

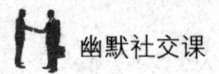

法对员工吆五喝六。领导者与其端着架子,把自己摆在高高的位置上,还不如走下"圣坛",走到群众之间,打好群众基础,这样才能真正地成为部门里或者整个公司的领头羊。

领导者要笑口常开

在现代社会生活中,每个人都应该具有幽默细胞,发挥幽默魅力,这样才能形成独特的人格魅力。通常情况下,作为管理者,并不会因为高高在上地对员工颐指气使,就能在员工之间树立威信。实际情况恰恰相反,领导者应该发挥幽默能力,让自己处处受人欢迎,才能更好地融入团队之中,也才能把所有员工都集合在自己的身边,让自己成为整个团队的核心人物。

在职场上,幽默所发挥的作用是非常强大的。管理者拥有幽默的能力,笑口常开,不仅自己常常微笑,而且能把欢乐带给身边的人,尤其是带给下属,让整个团队的气氛都和谐融洽。唯有如此,领导者才能成为整个团队的掌舵人,也才能调集团队中所有成员齐心协力地攻克难关。从这个意义上来说,幽默也是工作的润滑剂。虽然领导与下属之间的关系是以上对下的关系,但是

第六章　幽默是职场达人的催化剂，让你处处受人欢迎不讨嫌

只要拥有幽默的润滑剂，领导者与同事之间的相处就会更加愉快。很多领导者想方设法地想搞好与下属之间的关系，例如他们会给下属提供各种福利，经常请下属吃饭，或者带着下属去游乐场玩等等。这些方法固然有一定的效果，但是并不能真正打动下属的心。领导者必须发自内心地尊重和平等对待下属，也相信自己不需要对下属板起面孔，而是要微笑着面对下属，才能打开下属的心扉，让下属也愿意与领导者坦诚相见。

幽默不但是职场上的润滑剂，也是一把钥匙。它不但能够打开领导者的心，也能够打开下属的心。当领导者与下属之间心贴着心，真诚对待彼此的时候，领导者与下属之间的关系自然会更加和谐融洽，而且整个部门的运转也会更加高效。在很多大企业里，有些领导者高高在上，总是不愿意对下属露出笑脸。其实，真正高明的领导者在面对下属的时候常常会进行自黑和自嘲，这样才能与下属更加亲近。每一个下属都希望自己的领导者平易近人，有亲切感，也幽默风趣。这是因为工作原本就非常的辛苦，他们不想每天都看着一个一本正经、满脸严肃的领导者，否则就会感到更加疲惫。此外，幽默还能够营造良好的工作氛围。在幽默有趣的工作氛围中，人的潜能会得以激发，人的能力也会得到最大限度的发展，所以整个公司的工作氛围都会非常浓郁。

公司的销售部门最近正在进行整改。之前的销售经理因为工作表现非常出色，所以去了外地分公司担任总经理。这就意味着销售经理的位置空缺了出来，很多出色的销售员人员对此都虎视眈眈，他们全都摩拳擦掌，想要在这一轮竞争中胜出，成为新任销售经理。

然而，上级领导考虑到有几个销售人员的能力相当，所以不管让他们之中的谁担任销售经理，其他人都会不服气。思来想去，领导居然从另外一个部门空降了一位销售经理。对于新任销售经理，那些销售人员当然不服气。他们很快就联合起来，想要给新任销售经理点儿颜色瞧瞧。

很快，新任销售经理冯刚就走马上任了。冯刚知道自己要啃的是一块硬骨头，也很清楚销售人员是最难管的，尤其是那些经验丰富、业绩出色的销售人员。思来想去，他决定在见面会上就以幽默开场，打消大家心中的敌意。

虽然大家都对这个空降的销售经理不满意，但是部门里的欢迎程序还是要正常进行的。这天，部门里早早地就进行了准备，把会议室布置得花团锦簇，就是为了欢迎冯刚到任。在欢迎会上，冯刚对大家说道："我早就听说销售部门卧虎藏龙，能人无数，正是因为大家的实力都旗鼓相当，所以领导才认为不管升任谁当销售经理，都会引起其他人的不满。为了保持销售部门的稳定，也

第六章 幽默是职场达人的催化剂，让你处处受人欢迎不讨嫌

为了让大家在销售领域继续再创新高，所以领导就铤而走险让我当了空降兵。其实，我对此非常忐忑不安。但是后来我想了想，我觉得我是傻人有傻福，虽然我看起来傻乎乎的，没什么能力，但是我有福气呀，所以才能幸运地站在这里。我把我们的部门比成一支蜡烛，如果说我是蜡烛芯，暂时处于发光发亮的最高峰，那么大家就都是那些蜡油。我当然知道，我这个蜡烛芯虽然一直在燃烧，在发光发亮，但是如果没有蜡油的支持，我是不会自己燃烧起来的。我们部门也同样如此，尽管我站在最高的位置上，但是我可不想高处不胜寒呀。我深知我离不开各位的帮助和扶持，所以我一定会全力为各位做好后勤辅助工作，希望大家能够一如既往地勇往直前。"

冯刚话音刚落，大家就由衷地为他鼓起掌来。那些原本联合起来想要给他点颜色瞧瞧的老销售人员也都打消了念头，他们发现这个新任的销售经理的确情商很高，很懂得幽默的艺术，因而才能以这样一番话表明他的立场和态度，也表现出他的谦逊与真诚。所以，他们不知不觉间都喜欢上了新任销售经理。

每个销售部门的领导都希望手下有非常优秀的销售人员，然而这些销售人员如果特别能干，特别优秀，就会很难管理。尤其是对于空降的领导来说，想要把他们收服在编下简直是难于登天。

那么，作为一个好的领导者，就要学会贬低自己，抬高下属，也要以幽默的方式打消下属心中的疑虑。

需要注意的是，幽默固然有很强大的作用，但是并非用之四海而皆准。我们必须区分时间和场合，也要讲究方式方法，才能够恰到好处地发挥幽默的力量。我们只有增强他人对我们的信任，才能够真正地调动其他人的热情。在这种情况下，幽默就是一种利器。在对下属发挥幽默能力的时候，我们还要注意以善意为出发点，而不要怀有对下属贬低之意或者恶意，否则下属就会对此特别反感，甚至误以为上司是在以上欺下，故意欺负自己，从而导致事与愿违。

风趣幽默的批评更受欢迎

在职场中，作为高高在上的领导，面对下属工作上表现得不尽如人意之处，固然可以直截了当地指出来，但是，现在当领导并没有那么容易，因为领导者不但要保证下属完成工作任务，还要做好下属的思想工作，让下属真心地拥护领导，团结在领导周围，一起为部门的发展贡献力量。要想实现这个结果，在批评下

第六章 幽默是职场达人的催化剂,让你处处受人欢迎不讨嫌

属的时候,作为上司可要多多用心。

上司简单粗暴地对待下属,很容易就会挫伤下属的自尊心,打击下属工作的积极性,使下属在工作上出现消极怠工的情况。聪明机智的管理者都很明白,在批评下属的时候,如果能够运用幽默的方法,那么批评不但更受下属欢迎,还会让下属心甘情愿地改善自己做得不好的地方,也意识到自己的错误所在,从而积极主动地改正错误,完善行为。这样一来,还能激发下属对于工作的积极性,让下属在工作上有更加出色的表现,可谓一举两得。

现代社会中,工作的竞争日益激烈,在紧张忙碌的工作和生活中,下属难免会犯一些小小的错误。有些下属因为一时疏忽,还有可能犯下很严重的错误。在这种情况下,作为上司,有责任为下属指出错误,对下属进行批评指正,但是一定要讲究方式方法。一旦上司采取了错误的方式方法对待下属,就会导致效果特别糟糕。作为上司,还要认识到一点,就是批评下属的目的并不是耍上司的威风,也不是居高临下地压迫下属,而是让下属能够真心地接受批评指正,心甘情愿地改正错误,这才是批评的目的。

有些上司本身就是火暴脾气,每当发现下属犯了错误,他们就会怒火中烧,对下属颐指气使严厉呵斥。在上司这样的对待之下,下属非但不会改正错误,反而会产生逆反心理,故意与上司

对着干,甚至在一气之下辞职走人。如果发生这样的情况,那么事情的结果就会更加糟糕。

人在职场,虽然工作的机会很难得,但是,想要找到一个非常聪明能干的人也是很难得的。所以上司一定要学会以幽默轻松的方式对下属进行批评,从而让下属积极主动地改进工作中的不尽如人意之处,这样才能够让下属把工作做得更好,而且能够与下属之间建立良好的关系。只要建立了顺畅的沟通渠道,彼此之间也有了情分可言,那么当在工作中再次遇到难题的时候,上司与下属之间的沟通就会更加顺畅。在此过程中,上司也能够展现出自己独特的领导魅力,对于未来开展工作将会大有裨益。

作为公司的新员工,才上班三天的时间,小鹏就因为不堪忍受劳累而选择请假在家休息。但是他深深地知道自己才上班三天,第四天就请假,因而是很难得到上司批准的。思来想去,他想出了一个好主意。他在网上找到了一张输液的照片,只露出了一只手和手上的针头,然后把这张照片发送给主管,说自己因为感冒发烧正在输液,需要休息几天。让小鹏没有想到的是,上司很容易地就在网络上搜索到了这张照片。主管就这样识破了小鹏的诡计,当即非常生气,但是经过慎重思考,又觉得小鹏这个年轻人虽然有些懒惰,其实还是有能力做好这份工作的。如今,要想找

第六章 幽默是职场达人的催化剂，让你处处受人欢迎不讨嫌

到合适的人做好工作很难，因而主管决定以幽默的方式批评小鹏，让小鹏下不为例。

想到这里，部门主管让一位心腹的员工把这张照片发到了部门的群里，并且说了同样的请假理由。当即，小鹏就看到了这张图片，并且意识到自己的诡计败露了。这个时候，部门主管佯装生气地对这个同事说："你怎么能盗用小鹏的图片呢？人家小鹏是真的感冒生病了，你却想以此为借口请假偷懒，你这样的行为可是非常恶劣的。想请假可以直接说，被批不批准那是两码事儿，但是以假冒生病为由来请假，这可是在消耗我们的同情心啊！我看啊，你这个感冒很严重，让你昏头涨脑都分不清是非曲直了。如果你继续这样感冒下去，就不用来上班了。"主管才刚刚说完，小鹏赶紧私信主管认错，并且当天下午就乖乖地来上班了。

主管以风趣幽默的方式批评了那位心腹员工，与此同时也给小鹏敲响了警钟。对于小鹏而言，他肯定再也不会以这样的方式去请假了。对于工作，他除非不想要这份工作而选择辞职，否则一定会全力地投入的。

除了用这样的幽默方式批评下属之外，在批评下属的时候还可以结合下属的优点进行批评，以幽默的方式让批评起到更好的效果。这样做不但能够拉近自己与下属之间的关系，还能让下属

幽默社交课

心服口服，乐于接受呢！

  作为美国的第 30 任总统，卡尔文·柯立芝是一个非常幽默风趣的人。他有一个秘书，非常年轻漂亮，但是这个秘书的工作能力可不像她长的那么完美无瑕呀。因为粗心大意，她在处理工作的时候总是出现各种各样的错误，这给柯立芝带来了很多烦恼。有的时候，秘书所犯的错误是非常低级的，也是不容原谅的，柯立芝就只能对秘书展开批评。日久天长，柯立芝也觉得很厌烦，因为他不想每天都批评秘书，打击秘书。

  一天早晨，年轻漂亮的女秘书穿着一身得体的时装来到办公室。柯立芝不由得感到眼前一亮，他趁此机会对秘书说："你今天简直太漂亮了，你的衣服就像量身定做的一样，非常合身，而且也很符合你的气质。"秘书得到了总统的夸奖开心极了，这个时候，总统接着说："我相信，只要你认真仔细一些，你在工作上的表现也会如同你的人一样漂亮和完美的！"听到总统这样委婉隐晦地表达对自己的不满，秘书意识到自己在工作上一直给总统带来麻烦，被总统提出意见是很不好的。从此之后，她非常认真仔细，在处理工作的时候再也没有犯错。

  卡尔文·柯立芝的情商显然非常高，他很善于运用幽默的方

第六章 幽默是职场达人的催化剂，让你处处受人欢迎不讨嫌

式来表达批评之意。正是因为柯立芝这样的行为举动，所以秘书才会主动地改正错误，完善自己。所以说，幽默的批评不但更受欢迎，而且会起到更好的效果。最重要的是幽默的批评方式能够保护他人的自尊心，使他人在犯了错误之后意识到错误，并且能够主动地改正错误。这样一来，他们在面对批评的时候就不会那么反感和厌恶了。

另外，管理者以风趣幽默的批评方式对待下属的时候，还能够打造出自己独特的魅力，从而在下属面前树立威信。这对于领导者做好自己该做的事情，是极有帮助的。

第七章
幽默是浪漫爱情的助燃剂，让你拥有最美好的爱情

幽默是智慧的最高表现形式，在亲密无间的情侣之间，如果能够运用幽默进行沟通和交流，那么沟通和交流就会事半功倍。在现实生活中，那些懂得幽默的人更受人欢迎，更容易得到自己喜欢的人的青睐，更能够为爱情创造浪漫的时机，更能够营造美好浪漫的爱情氛围。尤其是在爱情遭遇危机的时候，他们往往以幽默的方式进行巧妙的化解。哪怕遭遇失恋的打击，他们也能够以幽默的心态面对。总而言之，幽默是浪漫爱情的助燃剂，只有拥有幽默的能力，才能在爱情中收获更多的幸福与美好。

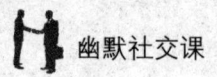 幽默社交课

打翻了醋坛子,让幽默来除醋味儿

爱情是一种奇妙的感情,有人说爱情是造物主赐予人类最美好的礼物。的确,爱会使人目眩神迷,会使人沉迷其中无法自拔,也会使人的心胸变得非常小。一个人即使原本非常大方慷慨,也能够跟身边的人分享自己所拥有的美好事物,但是他唯独不能跟他人分享爱情,这也使得沉浸在恋爱中的人总是会打翻了醋坛子。在这种情况下,轻则会发生争吵,重则会导致分手。如果掌握了幽默的能力,用幽默来给爱情中的争端"灭火",那么爱情的危机就会尽快消散,爱情就可以发展下去。

在现实生活中,很多人把爱情排斥他人的特性称为吃醋。说起吃醋,还有一个典故呢。接下来就让我们来看看吃醋的来源吧。只有了解了吃醋的来源,我们才能知道怎样消除醋味儿,怎样用幽默给爱情中的争端"灭火"。

唐太宗在位时,非常喜欢宰相房玄龄。有一次,他赏赐了一

第七章 幽默是浪漫爱情的助燃剂，让你拥有最美好的爱情

位美妾给房玄龄，房玄龄对此非常愿意接受，但是房玄龄的妻子却拒绝接受。为了抗拒唐太宗的旨意，她甚至做出了很多极端的举动。得知房玄龄的妻子如此不识抬举，唐太宗勃然大怒，当即让人送去一壶毒酒给房玄龄的妻子，这相当于让房玄龄的妻子饮酒自尽。

原本，唐太宗以为一个弱女子面对死亡的威胁必然会妥协，肯定会同意让房玄龄接受美妾。但是让他万万没想到的是，房玄龄的妻子性格刚烈，当即拿起毒酒一饮而尽。看到与自己同甘共苦了这么多年的妻子最终却要落得惨死的下场，房玄龄感到伤心欲绝。他以为妻子所剩的时间不多了，万分悲痛，却没想到妻子喝了毒酒之后毫无中毒的迹象。原来，唐玄宗虽然看起来很生气，但是考虑到毕竟是房玄龄的妻子，所以只是赏赐了一壶醋给房玄龄的妻子，以此试探房玄龄的妻子是否坚决禁止房玄龄纳妾。从此之后，吃醋的传说就流传下来了。

从心理学的角度来说，吃醋的人只是因为非常爱自己的爱人，才不愿意与其他异性分享自己的爱人。当看到自己的爱人与其他异性交往过密的时候，他们就会因为嫉妒而心生愤恨，感到不满。在现实的爱情之中，很多人都会因为自己所爱的人与其他异性走得过于亲近而醋意大发，吃起醋来。有些人吃醋吃得非常有道理，

但是有些人吃醋只是在无理取闹。尤其是在双方条件不对等的恋情之中，处于弱势的一方往往非常敏感和细腻，也就会无端地吃醋。吃醋如果适度，就会成为爱情中的情调，让爱情变得更加美好。吃醋如果过度，就会破坏彼此之间的信任，使得感情消耗殆尽。

那么作为吃醋的一方，没有必要以过激的方式吃醋，因为这会伤害彼此之间的感情，破坏彼此之间的信任。如果具有幽默的能力，那么可以采取避其锋芒的方式消除对方的醋意，例如女孩面对男朋友总是看着其他女性，可以提醒男朋友是否需要帮忙结识那位女性。这样一来，男朋友就会感觉到女孩对自己的行为不满。当然，现实生活中也有一些人因为嫉妒心太重，所以在吃醋的过程中伤害了自己最爱的人，或者伤害了自己最爱的人所关注的异性，这样的做法是极其不可取的。因为在如今的法治社会，一个人做出了错误的举动，就要付出相应的代价，不但不能挽回自己爱人的心，还会使自己受到应有的惩罚。

有一对恋人一起去美术馆参观，因为美术馆里正在举行美术展览。美术馆里有很多出色的作品，他们在每一幅作品面前都短暂停留，认真欣赏。很快，他们来到一幅独特的作品前。这幅作品是关于女性身体的。这幅作品把女性身体的美淋漓尽致地呈现

第七章 幽默是浪漫爱情的助燃剂，让你拥有最美好的爱情

了出来，为了艺术的美，作者还用几片树叶遮挡住了女性身体的私处。在这幅女性身体的作品面前，男孩一直停留在原地，迟迟不愿意离开。看到男孩站在那里不愿意离开，女孩感到难以忍受，忍不住抱怨道："我等到花儿都谢了，难道你要等到秋天到来吗？"

女孩的话让男孩忍俊不禁笑起来，他这才意识到自己忘情的欣赏伤害了女孩的感情，让女孩吃醋了。他当即搂着女孩的肩膀离开了那幅画作。

故事里的女孩是非常幽默的，她以等到花儿都谢了为由，抱怨男孩要等到秋天到来，其实是在指责男孩对于这幅女性的裸体过于迷恋，从而起到了表达不满的作用。由此一来，男孩感受到女孩的不满情绪，赶紧趁机离开。

在恋爱的过程中，不管是男性还是女性都会吃醋，这是因为爱情的本质就是排他的。如果在一段爱情之中，我们看到对方跟其他的异性接触很多，或者是特别关注其他异性，却丝毫也不吃醋，那只能说明我们并非真正爱这个人。人们常常以"醋意大发"来形容人们为爱做出的举动，这是非常形象的描述。然而，凡事皆有度，适当吃醋有利于发展爱情，但是如果过度吃醋，则会伤害身体和心灵。

对于关系亲密的恋人来说，在恋爱的过程中，当发现对方关注其他异性的时候，可以以开玩笑的方式提醒对方，而不要做出过激的举动，因为感情是非常脆弱的。如果一时冲动伤害了感情，那么就会让对方心灰意冷，这个时候再想挽回对方可就无计可施了。

用幽默浇灌爱情的种子

幽默就像天使一样飞向人间，给人间带来了快乐、欢笑和满足。在日常生活中，如果我们始终都以幽默面对各种各样琐碎的事情，对待形形色色的人，那么我们的生活就会充满了幽默，也会充满了快乐。

一个人能否做到真正的幽默？一个人能否拥有幸福快乐的生活，其实更多地取决于他的心态。对于拥有幽默心态、积极乐观的人而言，不管是在生活中还是在工作中，都能怀着开放和包容的心态面对一切，哪怕面对棘手的问题，也能够以幽默的方式圆满解决。反之，对于不擅长幽默的人来说，即使生活顺心如意，他们也常常因为缺乏幽默细胞而特别严肃地面对生活，使生活沉

第七章 幽默是浪漫爱情的助燃剂,让你拥有最美好的爱情

重而又压抑。

曾经有一位名人说过,这个世界上并不缺少美,缺少的只是发现美的眼睛。对于幽默也是同样的道理,我们要说,这个世界上并不缺少幽默,缺少的只是喜爱幽默的心灵和发现幽默的眼睛。当我们从生活、工作中随时随地地挖掘出幽默的素材,当我们以极强的幽默能力、至高的幽默境界对这些素材进行加工和美化,这些素材就会成为生活中最美好的装点,也会给我们的生活带来无尽的笑声。

在恋爱中,很多年轻人都不知道如何向异性表白,他们生怕自己的表白会被异性拒绝,又担心自己表白的方式不恰当,引起异性的不满,那么如何才能恰到好处地表达自己的爱慕之情呢?这并没有一定之规。对于示爱方式的选择,我们要根据自身的性格,也要根据对方的喜好作出决定,才能表达得恰到好处。不过,不管采取怎样的方式表达爱意,如果我们能够在其中加入幽默的元素,那么就会使自己的爱情表白起到更好的效果。换而言之,即使我们被对方拒绝了,因为我们是以幽默的方式表达出来的,所以也不会使双方过于尴尬,这样哪怕做不成恋人还可以做朋友,当然是非常好的结果。

张明是一位大名鼎鼎的数学家,他从上学开始就非常喜欢数

学，尤其喜欢和各种各样的数学题打交道。这使得他的思维是典型的数学思维，很少有文人的浪漫情思。幸好张明是一个非常幽默的人，这弥补了他缺少的浪漫细胞的遗憾，使他和女朋友相处得非常融洽。

这个周末，张明陪着女朋友去公园里散步。公园里的景色非常美好，空气也很清新。漫步其间，张明和女友都感到心旷神怡。这个时候，女朋友问张明："我脸上长了很多雀斑，很多人都说我的皮肤不好，难道你对此一点都不介意吗？"张明哈哈大笑起来，说："难道你不知道吗？我可是非常出色的数学家，我天生就喜欢跟小数点打交道呀！看到你的脸，我觉得非常亲切，我也觉得你就是我命中注定的爱人。"张明的话简直是蜜里调油，让女朋友羞得红了脸，心里却充满了幸福。

谁说数学家就会缺乏浪漫细胞呢？张明说出来的这番话不仅幽默风趣，更是浪漫的表白呀。通过这样的一番表白，相信张明和女朋友之间的关系会更进一步，而女朋友对于自己也会更加有信心。毕竟女为悦己者容，哪怕其他人都不喜欢女朋友满脸的雀斑，但是只要张明喜欢，他的女朋友根本不用在乎其他人的看法。

在这个世界上只有两种人，一种是男人，一种是女人。生命以如此神奇的方式存在着，有人把男人比喻为太阳，把女人

第七章 幽默是浪漫爱情的助燃剂,让你拥有最美好的爱情

比喻为月亮,正是因为有太阳和月亮的轮番交替出现,整个世界才美妙绝伦。那么,在太阳和月亮组成的世界里,幽默就是不折不扣的守护神。发生悲剧的时候,幽默让人内心保持平衡,以积极的心态去面对困难。发生危机的时候,幽默能够让人获得安全感,使人相信只要努力就能迎来岁月静好。对于恋人来说,幽默既是润滑剂,也是爱情的滋养剂,能够浇灌爱情的种子,使爱情生根发芽,开花结果。很多时候,也许爱情不再存在,曾经相爱的人分道扬镳,但他们却因为一起在幽默中感受过欢声笑语而愿意继续相依相伴,成为彼此最好的陪伴和最真诚的朋友。

幽默是爱情的催化剂

在爱情之中,要想赢得真爱,我们首先要真诚。只有对所爱的人付出诚挚热烈的感情,并且在与对方沟通的过程中发挥机智与幽默,才能真正营造出浪漫的爱情氛围。反之,如果把爱情当成是一加一等于二的数学题去做,那么在这样的过程中,爱情就会被消耗殆尽。

日本幽默大师秋天时曾经说过，幽默是爱情的催化剂，因为如果一个人言谈幽默，就能够激发出爱的温柔，而且借助于幽默的力量，还能够让爱人感受到快乐和幸福，这样一来，爱情的进展才会顺利。

每一个语言高手都很清楚，即使对于同样的内容，换作不同的方式表达出来，也会起到完全不同的效果。所以我们在与他人沟通的时候，如果善用幽默，就会产生让人忍俊不禁的效果。为了在心爱的人面前表现出自己的幽默风趣，为了博得心爱的人对我们的喜欢，我们应该提升自己运用幽默的能力，最好以幽默的方式向对方表达自己的爱意，这会使爱情进展顺利，也助力自己获得对方的好感。

娜娜是银行的工作人员。大学毕业后，她就来到银行报到，开始在银行的柜台办负责办理业务。因为她长相甜美，态度温柔，非常有耐心，所以很多人都喜欢在她的窗口办理业务。在这些人之中，有一个男孩早就对娜娜动心了。这个男孩在银行附近的网络公司上班，因为距离银行很近，所以每当需要办理金融业务的时候，他就会光顾银行。一来二去，他与娜娜越来越熟悉，和大多数人看到娜娜有空闲就去娜娜那里办业务不同，男孩哪怕等上几个小时，也会坚持在娜娜那里办理业务。随着他对娜娜的好感

第七章　幽默是浪漫爱情的助燃剂，让你拥有最美好的爱情

与日俱增，他来办理业务的次数也越来越多。渐渐地，他与娜娜虽然互相不知道姓名，彼此却很熟悉。

有一天，男孩发了薪水来办理存款业务。这一次，他瞅准时机，在银行存折里夹了一张表白爱意的纸条，一起交给了娜娜。娜娜打开存折就看到了男孩的纸条，纸条上写着："我愿意把我所有的薪水储存在你这里，我也愿意把我毕生的爱都储存在你这里。你愿意在周末和我一起看电影吗？如果你不愿意接受我，那么就让我和一个孤独的座椅一起看电影吧，不管结果如何，我都尊重你的选择，因为我愿意当你的储户。"

看到这张纸条，娜娜的脸上忍不住浮现出笑容。原来，这个优秀男孩经常来银行里办理业务，居然是为了多和自己见几面呀。其实娜娜也喜欢这个男孩，因为男孩又高又瘦又帅，皮肤白皙，看起来非常干净阳光。这个时候，娜娜忍不住莞尔：男孩多么有才华呀，居然想出了用这样的求爱方式。因而，她直截了当地对男孩说："周六见喽！"提前得到了女孩的答复，男孩高兴得一蹦三尺高。后来男孩与娜娜的感情发展得非常顺利，男孩常常以幽默逗得娜娜哈哈大笑，当然，他从此之后把所有的薪水和终身的爱都交给了娜娜保管。

这真是一段爱情的佳话呀。娜娜在银行里工作，每天处理相

似的业务是非常烦琐枯燥的,正是因为男孩如此浪漫、风趣的求爱方式,所以娜娜的工作就显得与众不同了。与这样的男孩在一起,相信娜娜每天都会非常快乐,每天都会笑容满面,会得到自己想要的幸福。

当然,幽默的能力并非与生俱来的,而是需要通过不断练习才能渐渐提升的。很多人习惯于预先设计好幽默的程序,说固定的套话,这固然是一种表现幽默的好方式,但是却往往显得很刻板。真正的幽默高手会利用幽默的机会,根据现实的情境随机发挥幽默的才能,从而给人留下深刻的印象。这样的幽默是更加机智的,也是更加灵活的,不但向对方表达了自己的爱意,还能够让对方见证自己的聪明智慧,自然能够大大提升自己在对方心目中的地位,也能够向对方展示自己的无穷魅力。

在追求爱情的过程中,每个人都应该有足够的信心,虽然每个人的客观条件都是不同的,例如有的人长得很高大,有的人长得比较矮小,有的人皮肤白皙,有的人皮肤黝黑,有的人五官端正,有的人五官不够协调。其实,不管先天条件如何,身体发肤都是父母给我们的最好礼物。对于我们来说,最重要的是要有足够的信心,能够在爱人面前发挥幽默的能力,给爱人带来快乐,也催生爱情的诞生。

第七章　幽默是浪漫爱情的助燃剂，让你拥有最美好的爱情

幽默，让搭讪水到渠成

对于爱情，很多人将其归结为缘分。的确如此，在这个世界上，很多不同的人拥挤在同一处，摩肩接踵为生活奔波忙碌，为何我们会和其中的某一个人相见、相识、相知、相爱呢？正如佛祖所说的，前生500次的回眸才能换来今生的擦肩而过，所以面对爱情降临，面对这难得的缘分，我们一定要及时抓住。

然而遗憾的是，很多时候我们对一个人怦然心动，却不能鼓起勇气向他（她）表白爱意，这是因为我们不知道自己的表白会被拒绝，还是会被接受。对于结果的未知使我们瞻前顾后，也让我们不知道应该如何面对这一切。在这种情况下，我们更应该勇敢地去争取，尤其是要致力于提升表达爱意的成功概率。我们应该组织好自己的语言，以让对方喜欢的方式接近对方，与对方搭讪，切勿唐突的就与对方交谈，否则只会吓跑对方。那么，到底怎样的方式才能帮助我们实现目的呢？那就是幽默的搭讪法。

毋庸置疑的是，对于陌生的异性，我们不能显得太唐突，一

定要礼貌，而且要以不让人讨厌的方式接近对方。第一点，我们必须充满勇气。很多人做事情犹豫不决，瞻前顾后，也就是常人所说的前怕狼后怕虎。其实每件事情都可能获得成功，也有可能遭遇失败。既然如此，我们只要想好了自己应该如何面对结果，承受结果，就应该勇往直前，坚定不移地去做。从根本上来说，那些心中有爱却不敢表白的人，最害怕的就是被对方拒绝，使自己陷入尴尬之中。如果能够提前解决尴尬，消除尴尬，那么我们的表白也就没有那么大的压力，能够水到渠成。

如果我们非常正经严肃地向对方表白，一旦对方也正经严肃地拒绝我们，我们就会很尴尬、很难堪。最好以幽默的方式向对方表白，这样即使对方不愿意接受我们的爱意，我们也可以哈哈大笑，假装把这件事情完全忘记。

第二点，一定要讲礼貌，讲究方式方法，恰到好处地接近异性。如果像一只苍蝇一样始终跟着异性，就会让异性心生厌烦，甚至对我们留下糟糕的印象。最好的做法是，以合适的方式接近异性，从而赢得异性的好感，这样才能循序渐进地打开异性的心扉。

1920年，巴黎正在举行一场舞会。戴高乐端着红酒杯，百无聊赖，觉得非常难熬。在这个时候，他无意间看向了会场的

第七章　幽默是浪漫爱情的助燃剂，让你拥有最美好的爱情

角落，发现有一位美丽的女孩正安安静静地坐在角落中的沙发里。女孩仿佛对会场上的情况毫不关心，而是把头扭过去，盯着窗外。那一瞬间，这位女孩美丽得如同一位梦幻中的公主，仿佛身边的一切都与她毫无关系，而她只活在自己的梦境中。就在那一刻，戴高乐被女孩的美丽和脱俗打动了，他再也控制不住自己的感情。虽然他还假装镇定地坐在原地，但是他的目光却持续不断地扫视着那个角落，他的大脑正在进行快速的运转，他想和女孩认识，但是他又生怕唐突地吓跑了这个女孩，这可怎么办呢？

思来想去，戴高乐认为一定不能够错过这位美丽的女孩，否则一旦宴会散场了，他再想找到这位美丽的姑娘，那可就是在大海里捞针，将会变得非常困难。况且，舞会本来就是一个浪漫的地方，如果他不能借助于这场舞会名正言顺地与这位美丽的女孩搭讪，那么他还有什么理由再去寻找这位美丽的女孩呢？想到这里，戴高乐仿佛下定了决心，他当即站起来，走向那位女孩所在的地方。就在戴高乐将军越来越接近的时候，那位女孩突然转过头来微笑着看着戴高乐。戴高乐显然没有想到女孩会如此积极主动，迎着女孩的目光，他有些尴尬地说："小姐，我很荣幸认识你，真的非常荣幸，莫名其妙的荣幸。"

女孩的脸上没有任何表情，只是反问道："请问，你说的是真

的吗？"戴高乐也没有想到女孩会这样反问，总之，女孩的表现完全打乱了戴高乐在心中酝酿已久的搭讪计划，他马上因为紧张而变得说话磕磕巴巴。他连连点头说，是的，没错，荣幸。女孩看到戴高乐害羞可爱的模样，忍不住笑了起来。她接受了戴高乐的邀请，和戴高乐一起开始跳舞。等到他们一连跳完了六支舞曲，戴高乐便与这位美丽的女孩定下了终身。

那么，戴高乐到底凭着什么打动了美丽小姐的心呢？正是他说的那句"莫名其妙的荣幸"。原本，戴高乐想要赢得女孩的芳心，应该很确定自己万分荣幸，但是他却说自己拥有莫名其妙的荣幸。这与戴高乐想向女孩表现出爱慕之意的初心形成了很强烈的对比效果，让女孩忍俊不禁地笑起来，与此同时，她对戴高乐也就产生了好感。紧接着，他们一连跳了六支舞，她与戴高乐的关系也就变得更加亲近了。

最后一点，尤其需要注意的是，异性之间交往一定要把握分寸。在这个世界上，男人和女人都是神秘的生物，男人和女人之间的异性相吸原则很容易让人误解。在接近异性的时候，我们一定要有礼貌，并且要以很恰当的方式去接近异性，也要适度地表达自己的心意，这样才不至于引起异性的误解。

幽默看起来是一种非常张扬的表达方式，实际上，在人际

第七章 幽默是浪漫爱情的助燃剂，让你拥有最美好的爱情

交往的过程中，幽默是委婉含蓄的表达方式。当我们以幽默的方式对爱人表达爱意的时候，即使被拒绝，我们也不会觉得自己下不来台阶；当我们运用幽默与异性搭讪，往往会获得更大的概率，会更容易获得成功。总而言之，幽默从来不会惹人厌烦，只要幽默恰到好处，适时适当，总能够起到让我们惊喜的作用。从现在开始，我们就要学会幽默，发挥幽默的本领接近异性。

幽默让拒绝更容易接受

每一个人都有爱的权利，也有不爱的权利。尤其是当自己不爱的人向自己表白的时候，我们更是有拒绝的权利。这是因为爱情是两情相悦的。俗话说，强扭的瓜不甜，不管我们因为任何原因而接受了一个不爱自己的人，那么等待着我们的注定是不幸的结果。所以当我们意识到自己并不喜欢对方时，就应该坚决果断地拒绝，避免给对方留下一丝丝希望，也避免事情被无限地拖延。需要注意的是，拒绝并不是一件简单的事情，并不是对他人摇摇头或者说"不"就可以的，尤其是在微妙的爱情关系

中，拒绝他人一定要讲究方式方法。拒绝，必须坚持以下几个原则。

第一个原则，拒绝不能贬低他人，更不能伤害他人的颜面。人都是有自尊心的，尤其是在自己所爱的人面前，没有人愿意丢面子。在这种情况下，尽管我们不爱对方，但是对方却很爱我们，所以我们拒绝对方的时候一定要顾全对方的颜面，要真正地尊重对方，避免激怒对方。

第二个原则，拒绝不能伤害对方的感情。无论如何，爱一个人都是没有错的。即使我们不爱对方，我们也不能阻止对方来爱我们，前提是对方并没有影响我们的生活和工作。在这种情况下，我们只能引导对方，渐渐地放下这份感情，而不能以不当的方式使对方因爱生恨。

第三个原则，一定要说得清清楚楚，让对方断绝念头。有些人说起话来拖泥带水，或者过于委婉，这导致他们不能准确地向对方表达自己的意思，使得对方依然对爱情抱有幻想，依然对我们纠缠不休，这就会使我们和对方都陷入巨大的麻烦之中。

最让人开心的事情就是一个人向另外一个人表白，恰好另一个人也很喜欢这个人，结果他们两情相悦，一拍即合，开始了一段幸福美好的恋爱。这当然是人人都愿意看到的皆大欢喜的结局。

第七章　幽默是浪漫爱情的助燃剂，让你拥有最美好的爱情

和接受他人的爱相比，拒绝他人的爱却是更加困难的。尤其是有些人爱得非常狂热，很容易失去理性。在这种情况下，一旦拒绝的方式不当，使对方陷入难堪和尴尬的境遇之中，对方就会因爱生恨，甚至做出伤害我们的事情。这样的事情在社会中并不少见，通过网络新闻或者是社会报道，我们都会有所了解。所以在拒绝对方的时候，我们既要表达清楚自己的拒绝之意，也要给对方留下余地，让对方顾全颜面。这样我们才能够真正地达到拒绝的效果。

有一位科学家年纪轻轻就已经功成名就，所以很多优秀美丽的女青年都特别仰慕他，甚至默默地爱上了他。在这些女青年之中，大多数女青年都不好意思向他表白，生怕遭到拒绝，也有一些女青年性格比较开朗，她们做事情不拘小节，所以就会以非常直白的方式向这位科学家表达爱意。

有一天，科学家正在实验室里埋头实验，进行科学研究呢，有一位身材绝佳的姑娘居然穿着内衣走进了实验室。看到科学家惊诧的样子，这位姑娘骄傲地说："亲爱的，我的身材是不是很妙曼，很美丽呀？"听到姑娘这么说，科学家这才知道女青年的用意何在。他面色平静地回答道："的确，你就像维纳斯一样美，简直

就是人间的精灵。不过,维纳斯那么圣洁,我可不能玷污维纳斯呀!"听到这位科学家委婉的回答,那个聪明的姑娘马上就领悟到了科学家的拒绝之意,她只好笑了笑,转身离开了实验室。从此之后,这位姑娘在与科学家相处的时候再也没有逾越过规矩,而始终与科学家保持着同事之间的正常距离。

科学家以维纳斯来比喻这位姑娘,由衷地赞美了这位姑娘的美丽,赢得了姑娘的好感。与此同时,他又说不能玷污圣洁的维纳斯,从而表明了自己对姑娘的态度,让姑娘在感受到他幽默的态度之余,也感受到了他坚定不移的拒绝之意,因此之后再也不来打扰他了。

对每个人来说,固然希望得到他人的仰慕,但是如果这些仰慕给自己的生活造成了困扰,那么就会事与愿违。在这种情况下,我们要学会巧妙地拒绝他人的爱慕之意,这样才能真正地显示出我们的人格魅力。

还有一种方法也是非常好的,那就是如果我们已经感受到对方非常喜欢我们,但是我们却很明确并不喜欢对方,那么还可以抢占先机,在对方向我们表达爱意之前,先委婉地向对方表明我们的心意,这样就避免了拒绝对方的尴尬。在表明心意的时候,

第七章　幽默是浪漫爱情的助燃剂，让你拥有最美好的爱情

我们也可以采取幽默的方式，既能够让对方领悟我们的意思，也不至于伤害对方的面子，从而使双方都免于尴尬和难堪，也使双方始终保持着正常交往的关系。

第八章
幽默是平淡生活的调味剂，
让生活欢乐满满

很多人都说，生活如同白开水，滋味寡淡。其实，只要在生活中加入幽默的元素，只要让幽默出现在生活中的很多场景之中，生活就会更加丰富精彩，也会给人带来全新的体验。因此不要再抱怨生活枯燥乏味了，而是要坚信生活是我们内心的折射，会表现出我们内心最真实的模样，所以我们的当务之急是先改变自己的心态，以幽默为人生的原则，张开双臂热情地拥抱生命。

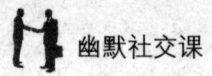 幽默社交课

幽默能消除家庭生活中的戾气

正如歌曲《国家》唱的那样:"家是最小国,国是千万家。"家是社会生活中最小的组成单位,整个社会由无数个相互独立又彼此依存的家庭组成。在家庭生活中,夫妻位于核心的地位,只有夫妻幸福和谐,家庭才能美满稳固。如果夫妻关系失去了平衡,夫妻之间互不信任,或者是爆发出各种冲突和矛盾,那么家庭就会摇摇欲坠。所以对于整个家庭而言,一定要保持健康和谐的相处状态和生存状态。在每一个稳固的家庭之上,整个社会才能够和谐发展。

一直以来,人们形容相亲相爱的夫妻为相敬如宾,举案齐眉。其实,对于夫妻而言,如果能够在彼此尊重和理解的基础上,以幽默进行润色和调剂,那么家庭生活就会充满欢声笑语,锦上添花,令人羡慕。

曾经有婚姻研究机构经过调查发现,妻子对丈夫的态度以及

第八章 幽默是平淡生活的调味剂，让生活欢乐满满

与丈夫相处的方式，将会影响丈夫的生活态度、工作态度，并且影响丈夫的自信心。那些在家庭生活中始终得不到妻子认可和鼓励的丈夫，难免会丧失自信心，觉得自己做什么事情都做不好。反之，那些得不到丈夫认可的妻子，同样也会对家庭生活充满迷茫。

其实一个和睦的家庭，就是要夫妻双方彼此相互理解、相互珍惜。生活中常有人说，我的家庭很幸福，慢慢地你会发现这个家庭真的发展壮大了；也有人说，我的家庭真的很不幸啊！慢慢地你会发现这个家庭最终也就分崩离析了。俗话说得好，家和万事兴，男人和女人，丈夫和妻子能够遇见并共同生活在同一屋檐下，这本身就是极为难得的缘分。一个家庭中的丈夫和妻子只有真正懂得了这样的道理，只有家庭和睦了，生活才能越来越美好。

当然，生活就是柴米油盐酱醋茶。在家庭生活中，总是有各种各样琐碎的事情，例如老人的赡养问题、日常生活的安排、孩子的教育问题等。在这些方面，如果采取指责和抱怨的态度，就会让家庭关系特别紧张。与其如此，还不如采取幽默的方式与配偶沟通，这样才能缓解家庭矛盾，甚至彻底地消除家庭矛盾。

萌萌和帅帅已经结婚很多年了，在多年的婚姻之中，他们

从来没有红过脸，更没有发生过争吵。对于这一点，萌萌总是骄傲地向身边的朋友们炫耀，朋友们则对萌萌的婚姻生活羡慕不已。

有一次，闺蜜问萌萌："你们是怎么做到结婚这么多年都没有吵架的呢？我怎么觉得我每天都很想吵架，有时候我们一天吵几次架呢！"听到闺蜜这么说，萌萌故弄玄虚地说："我也不知道呀，要不我去采访采访帅帅，看看帅帅是怎么说的，再告诉你吧。"

晚上回到家里，萌萌带着闺蜜的任务，拿出手机点击了录音键，然后一本正经地问帅帅："你为什么对我那么好呢？我的闺蜜都表示好奇了。"听到萌萌的话，帅帅忍不住笑起来，说："这是因为在跟你结婚之前，我就请教过高人。我问这位高人，他为何对妻子那么好，他对我说，当你发现你的妻子有缺点或者不足的时候，尤其是当你发现你妻子因为犯了错误带来严重的后果时，你一定要想到一点，即如果你的妻子非常完美，那么她一定会找更理想的丈夫，而不会找你。正是因为她有缺点和不足，正是因为她常常做错事，所以她才会死心塌地地和你在一起。"

听了帅帅的回答，萌萌笑得上气不接下气，忍不住在录音中

第八章　幽默是平淡生活的调味剂，让生活欢乐满满

对闺蜜说："哈哈，你听见了吗？我不够完美，不是我的错，而是因为他不够完美，所以他就没有办法挑剔我了。"

帅帅的回答有一个显而易见的优点，那就是用语幽默，他没有把妻子的缺点和不足归咎于妻子，而是认为正是因为自己不够优秀，所以只能找到不够完美的妻子，又或者说，因为他珍惜这段情感，所以才能接受妻子的不完美。其实，这段话的本质在于每个人都是不完美的，我们既要包容自己，也要包容他人，只有相互包容，夫妻之间才能更好地相处。如果婚姻生活中总是充斥着指责和抱怨，那么这样的家庭也就距离分崩离析不远了。

在现实的家庭生活中，很多女性都承担起了主要的家务劳动。与此同时，她们还要兼顾工作。在传统观念的影响下，很多丈夫只负责在外打拼，回到家里只想安逸地休息，这难免使得妻子心生怨言。面对这样的情况，妻子与其一味地抱怨丈夫，不如以幽默的方式让丈夫了解自己的不易，同自己分工合作，一起完成家务，这样的结果会是更好的。

当家庭生活非常枯燥乏味的时候，当感受到家庭气氛很无趣的时候，任何一方都不要轻易抱怨，而是要先从自己的身上寻找

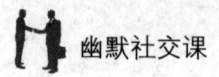 幽默社交课

原因。要知道,如果我们自己发生了改变,那么我们的配偶也会发生改变。反之,如果我们始终把改变的希望寄托在对方身上,那么这个家就不会有任何改变。

当幽默的长辈,才能与小辈打成一片

如今,绝大多数父母都把孩子的教育问题视为家庭生活的重中之重。的确如此,孩子只有养成良好的品质,只有养成良好的学习习惯,才能具有做人的根基,又具有发展的潜力。那么,在家庭教育中,怎样的教育方法才是最行之有效,也非常适合孩子的呢?其实这并没有一定之规,因为每个家庭的具体情况不同,每一个父母的个人情况也不同,每个孩子的成长情况更是不同的,所以我们要具体情况具体对待。有些父母声嘶力竭地和孩子讲一些大道理,孩子却左耳听右耳冒,根本没有走心,这使得教育毫无效果;有些父母则和孩子一起疯玩,很少引导孩子认真地思考问题,那么就会使孩子没心没肺,做任何事情都不过大脑。

第八章 幽默是平淡生活的调味剂，让生活欢乐满满

不可否认的是，孩子天生就喜欢玩耍，崇尚自由，他们对于教育也倾向于接受那种轻松愉悦的教育方式，而不愿意被父母强制呵斥或者是指责。对于父母而言，为了迎合孩子的需要，应该坚持以快乐的方式教育孩子，与此同时追求教育的效果，这样才能让孩子乐于配合和接受。如果父母总是对孩子进行说教，长此以往，还会激起孩子的逆反心理，使父母与孩子的沟通出现阻碍。父母必须认识到一点，再好的家庭教育也必须建立在亲子之间顺畅沟通的基础上。如果孩子对父母关闭了心扉，不愿意继续与父母交流，那么，父母的教育方法和教育理念就无法得以践行。所以作为父母要坚持以幽默的方式教育孩子，要在教育孩子的过程中坚持做到寓教于乐，营造轻松快乐的家庭氛围，这样才能让家庭教育起到最好的作用和效果。

有些父母担心自己会在孩子面前失去威信，所以总是板起面孔居高临下地训斥孩子。殊不知，孩子可不愿意被父母这样压制呀。当父母这样对待孩子的时候，孩子往往会产生逆反心理，或者明着与父母对着干，或者暗暗地抗拒父母的做法，甚至明修栈道，暗度陈仓，故意忤逆父母，这样一来，父母与孩子就会离心离德，家庭教育自然不能起到良好的效果。

所有父母都希望自家的孩子是非常听话的，然而孩子不是一个接受指令的机器，而是一个活生生的人。他们有自己的想法和自己的主见与观念，明智的父母应该坚持幽默的教育风格，与孩子打成一片，真正地打开孩子的心扉，走入孩子的内心，了解孩子真实的想法，这样才能把话说到孩子的心里去，打动孩子的心，也让教育事半功倍。

作为家里最小的儿子，拉拉特别顽皮淘气，每天都会给大人出各种各样的难题。因为上面还有两个哥哥姐姐，所以拉拉为了吸引父母的关注，简直无所不用其极。

一个周末，爸爸妈妈带着哥哥姐姐去上辅导班了，让拉拉留在家里和爷爷奶奶待在一起。拉拉对于爸爸妈妈的"厚此薄彼"很不满意，思来想去，他把哥哥房间里的一瓶墨水喝下去了半瓶。他认为这么做就能够让爸爸妈妈火速赶回家里，带他去医院，或者是围在他的身边对他嘘寒问暖。果不其然，爷爷奶奶在发现拉拉喝了墨水之后，第一时间就给爸爸妈妈打了电话。妈妈吓得连忙往家赶，爸爸则对妈妈说："别着急，我有办法治他！"

第八章 幽默是平淡生活的调味剂，让生活欢乐满满

回到家里，爸爸看到拉拉并没有什么异常，因而问拉拉："你真的喝墨水了吗？墨水的味道怎么样？"拉拉一语不发，狡黠地看着爸爸片刻，然后顽皮地吐出自己墨黑的舌头，顺便还冲爸爸做了一个鬼脸。看到拉拉这个样子，爸爸心知肚明拉拉是想引人关注，他也想借此机会惩罚拉拉，让拉拉长长记性。虽然墨水会把嘴巴、肠胃都染成黑色，但是并不会对身体造成实质性的伤害，因而爸爸阻止妈妈带着拉拉去医院。

他当着拉拉的面对妈妈说："我有一个好办法，等一下。"说着，爸爸就进入书房里。去了一会儿，爸爸回来了，手里拿着一套吸墨纸。拉拉看到爸爸的举动，不知所以，满怀疑惑。这个时候，爸爸拿着吸墨纸对拉拉说："拉拉，你的肚子可不是画布呀！你的肚子不需要喝墨水。但是，既然墨水已经进了你的肚子，想弄出来可没有那么容易。我有一个好办法，你把这些吸墨纸吃到肚子里，这样吸墨纸就会把墨水吸到它的身上，你的肚子里也就没有墨水了。"

听到爸爸出的这个馊主意，拉拉原本得意扬扬的脸马上变成了霜打的茄子，他满脸苦笑，无可奈何。这个时候，他看看妈妈，妈妈仿佛也领悟到了爸爸的意思，因而拒绝了拉拉的求助。就这

样,拉拉费了九牛二虎之力才生吞下去一张吸墨纸,从此之后,他再也不敢喝墨水了。

看到自己的诡计被爸爸识破了,拉拉一定感到很沮丧。如果在这次博弈中,爸爸妈妈处于下风,那么拉拉很有可能继续用这种方法来吸引父母的关注。当然,从此之后,爸爸妈妈也进行了适当的改变,他们把更多的注意点集中在拉拉身上,所以拉拉也就没有必要再做这样的傻事了。

在很多家庭里,父母教育孩子都采取居高临下的态度对孩子发号施令,这会让孩子特别反感。明智的父母会以幽默的方式与孩子相处,不管是说话还是做事,都会让孩子感受到他们的幽默,让孩子感受到发自内心的愉悦,这样一来,孩子就会从内心里亲近爸爸妈妈,也会对爸爸妈妈所说的话表示信服,从而使家庭教育事半功倍。

第八章　幽默是平淡生活的调味剂，让生活欢乐满满

幽默是幸福家庭的润滑剂

幽默是一种智慧，幽默是一种才华，幽默是一种力量，幽默是一种艺术，幽默是生活的调味剂，也是生活的润滑剂。在每个家庭生活中，要想获得幸福安定和谐美好，就必须让幽默充盈在家庭生活中。如果家庭生活紧张，时刻保持着剑拔弩张的状态，那么家庭成员就不可能真正感受到幸福。

很多人认为生活平淡如同白开水，这是因为没有幽默的调剂。一旦有了幽默，生活就会绽放出不一样的光彩。也有很多人认为生活的本质就是苦涩的，这是因为生活没有幽默，缺乏了甜蜜剂。只要加入了幽默，原本苦涩的生活就会苦中带甜，让人的心灵在遗憾、失望之余得到很好的抚慰。

大作家老舍先生曾经说过，幽默者拥有一颗热心肠。的确如此，在家庭生活中，虽然相爱容易相处难，家人每天朝夕相处难免磕磕碰碰，但是只要坚持以幽默为态度解决问题，那么就能大事化小，小事化了，也让原本紧张的局面得到改善，使全家人都

更和谐地相处。

有人也曾经说过,在批评和拒绝他人的时候一定要讲究幽默,这样既能够保全他人的颜面,也可以让批评和拒绝起到更好的效果,最重要的是能够在防患于未然的情况下避免尴尬的局面。在很多家庭中,夫妻之间总是发生争吵,战火不断,真正地深究这些矛盾和争执发生的原因,大部分并非是有原则性的问题需要坚持,而是因为一些不值一提的小事情。这些小事就像是导火索,很容易引发冲突和矛盾,也会使夫妻之间的感情消耗殆尽,使亲子之间的关系逐渐崩塌。而当我们以幽默的方式去解决问题时,这一切就都迎刃而解了。

近些年来,青少年自杀的事件时有发生。有一些青少年与父母相处得很不愉快,还对父母痛下杀手。不得不说,这样的恶劣事件是谁都不想看到的。为了避免这种恶性事件的发生,在家庭生活中与孩子相处时,父母一定要把握幽默的原则,与其对孩子声色俱厉,激发起孩子的叛逆心理,还不如以幽默的方式为孩子指出问题,引导孩子积极主动地做出改变,这样才能缓和亲子关系,获得更好的局面。

没有人愿意在如同战场一样的家庭里生活,每个人都喜欢在幸福温暖的家庭里尽情地放松自己,感受幸福,感受快乐。所以不要再让家庭变成一个冷冰冰、缺乏笑容的场所,而是要以幽默

第八章　幽默是平淡生活的调味剂，让生活欢乐满满

在家庭中营造良好的氛围，让每个家庭成员的脸上都挂满绽放的笑容。唯有如此，家庭生活才会更快乐。幽默之于生活，就像盐之于菜肴，是绝不可缺少的，尤其是对于夫妻而言，更需要借助于幽默这个最和睦的工具，念好家庭的经。

老张和老王是一对夫妻，结婚几十年来，他们很少争吵。每当有分歧或者是发生矛盾冲突的时候，他们都会用幽默的方式解决问题。

记得刚刚结婚的时候，他们因为一些鸡毛蒜皮的小事吵了起来，老王当即开始收拾自己的衣物准备回娘家。就在老王即将出门的时候，老张却一本正经对老王说："亲爱的，你忘了一件最重要的东西。"老王已经被气昏了头，她瞪着老张质问道："我忘了什么？我什么都带了，再也不用回来面对你了！"老张以无辜的眼神看着老王说："你忘了带我呀，我是你最宝贵的财产。"听到老张的这句话，老王忍不住哈哈大笑起来。就这样，他们之间的剑拔弩张完全消除了。

夫妻之间发生争吵，妻子要回娘家，说明事态已经升级到了一定的严重程度，很有可能导致家庭分崩离析。但是老张却以这样一句幽默的话，瞬间就让老王怒气全消，也让老王再也发不起

193

狠来。正是这句话挽救了他们岌岌可危的夫妻关系，也让他们彼此之间的感情更加深厚，因为至少老张向老王表明了自己的态度，并且表示自己很愿意作为老王的私有财产被一起带走。

幽默是家庭生活的润滑剂，因为有了幽默的存在，家庭生活才会少一些摩擦，多一些快乐。在很多家庭生活中，夫妻之间一旦发生矛盾，就会爆发激烈的争吵。一些夫妻则恰恰相反，他们在爆发矛盾的时候会选择以冷战的方式互不搭理，最终让彼此的感情越来越淡漠。不管是爆发激烈的争吵，还是以冷战的方式解决问题，都是很糟糕的。明智的夫妻会选择以更好的方式对待自己和对方，那就是幽默。

常言道，夫妻没有隔夜仇，床头吵架床尾和，说的就是这个道理。既然夫妻之间不会有深仇大恨，那么在发生问题的时候，只要双方都本着解决问题的目的不懈努力，很快就能解决问题。任何时候，一旦与配偶发生矛盾，切勿马上把自己置于配偶的对立面上，也不要因为生活中小小的不如意就抱怨婚姻生活不幸福，认为婚姻生活缺少浪漫。幸福的婚姻生活是每个家庭成员全力投入努力创造出来的，既然如此，就让我们多一些满足，少一些抱怨，就让我们多一些幽默，少一些摩擦吧，就让我们多一些欢笑，少一些争执吧。当我们以幽默充实整个家庭，那么幸福与快乐就会常驻我们的心间。

第八章　幽默是平淡生活的调味剂，让生活欢乐满满

幽默治愈你的身心

人们常说，笑一笑，十年少。这是因为科学研究表明，经常欢笑对人身体的各个部位都是大有好处的。尤其是能够调节人的心理状态和情绪状态，使人变得更轻松愉快。那么，人为何要笑呢？这是因为有幽默存在。一个人如果无缘无故地大笑，那说明他的神经出了问题。只有在幽默的情境中，人们才能忘乎所以地欢笑起来，也才能把所有的烦恼忧愁都抛之脑后。正因为如此，我们说幽默能够治愈我们的身心，让我们整个身心都焕发出新的活力，呈现出更好的状态。

在医学界，有医生提议把幽默引入到具体的治疗中，这是因为他们认为幽默不但能够治愈人的身体疾病，更能够治愈人的心理疾病。医学家们经过研究发现，人在笑的时候会调动起身体上的很多部位进行运动，而幽默正是使人发笑的重要原因之一。此外，人在欢笑的时候，心中的各种负面情绪和抑郁情绪还会一扫而光，从而心情更加轻松愉悦。最重要的是，如果有些人因为心

理和精神原因而出现头昏脑涨、腰酸背痛等症状，那么随着欢笑，这些症状都会奇迹般地消失。

还有医学家经过研究发现，幽默还能减缓疼痛，这又是为什么呢？这是因为幽默使人大笑，而笑容能促使人体内分泌出诸如肾上腺素等激素，从而对机体产生好的影响。这些激素会使机体产生释放麻醉因子，这样机体对疼痛就不那么敏感了。正是因为如此，很多患有关节炎等慢性疾病的患者，在心情保持愉悦的情况下，对于疼痛的感触不那么敏感，也就有效地减轻了症状。反过来说，如果一个人在生活中从来不笑，他们的脸上总是苦大仇深的表情，他们不管面对什么事情都非常悲观，那么他们很容易生病，这是因为他们的内心没有笑容，他们的脸上也没有笑容，所以他们更不可能借助于欢笑来缓解症状。

随着医学领域对于幽默的作用看得越来越重要，很多医生在为病人治疗的过程中都会有意识地调侃病人，以幽默的方式帮助病人放松心情，让病人发自内心地开怀大笑，这样病人的治愈疗程自然会得以缩短，病人的治愈效果也会大大提升。

周末，爸爸在家里办公，他正拿着笔在书房里奋笔疾书呢，这个时候，儿子来喊他去吃饭。说晚饭已经准备好了，爸爸赶紧去洗手准备吃饭，却没有留意到儿子留在书房里看他所写的东西。

第八章 幽默是平淡生活的调味剂,让生活欢乐满满

等到他洗完手回到书房里的时候,发现自己正在使用的微型钢笔不见了。看到儿子紧张躲闪的眼神,爸爸不由得害怕起来,赶紧询问儿子微型钢笔在哪里。儿子原本以为自己弄丢了微型钢笔,才使爸爸勃然大怒,却没想到爸爸的微型钢笔特别小,爸爸其实是在担心他的安危。在爸爸的再三询问下,儿子才哭着说:"我,我不小心把微型钢笔吃掉了。"听到儿子这么说,父亲吓得赶紧给家庭医生打电话。

家庭医生刚刚接通了电话,就听到电话里传来了紧张的声音:"医生,医生!不得了了,你快来吧!救人呀!我的微型钢笔不见了,我儿子把它吞到肚子里了。这可怎么办呢?"听到这位父亲紧张万分、语无伦次的表达,医生赶紧安抚他说:"好的,我马上就去,不要着急。"爸爸仿佛等不及医生赶来采取措施了,继续追问道:"医生,医生,医生!你来之前,我到底应该怎么做呢?我怎么才能救我的儿子呢?他会不会窒息而死呀?"这个时候,医生转移话题对父亲说道:"在我去到你家之前,你可以先用铅笔写字。你放心,我一定会把你的微型钢笔从你儿子的肚子里救出来的。"听了医生的话,这位父亲忍不住笑起来,虽然他还是很担忧儿子的安危,但是显而易见,他的神经显然已经没有之前那么紧张了。

医生明显感觉到了这位父亲的惊恐,所以他意识到孩子吞下

了微型钢笔固然情况急迫，但是先要安抚这位父亲，让他不要惊慌失措，或者因为冲动而做出一些错误的举动，否则就会导致更严重的后果。正因如此，他才以幽默的方式帮助这位父亲放松心情。

幽默总是能够给我们带来笑容，而笑容对于我们的身心治愈都是很有疗效的。医学研究报告显示，对于偏头痛、高血压等慢性疾病，笑口常开都是有效的治愈方式。如果一个人常常欢笑，他血液中的氧气含量就会得到提升，他的机体分泌就会越来越旺盛。与此同时，他的身体免疫力也会得以增强，从而有效地抵抗病菌的侵袭。和爱笑的人相比，那些不喜欢笑的人有更大的概率是身患重病，而且治愈的效果往往不好。

幽默的人总是能够长寿，是因为幽默有助于健康。从现在开始，我们就应该保持幽默的心态，这样不但能够让自己身心健康，也能够给家人和亲人带来更多快乐。

第八章　幽默是平淡生活的调味剂，让生活欢乐满满

幽默是智慧，也是品格

有人说幽默是一种智慧，有人说幽默是一种技能，有人说幽默是一种艺术，也有人说幽默是一种品格。幽默的人具有豁达的品格，他们性格开朗，怀有热情，生活也更加轻松，倍感愉快。既然幽默有这么多好处，为何我们不都幽默起来呢？遗憾的是，幽默并非天生的，而是通过后天渐渐培养起来的。要想养成幽默的好习惯，让自己拥有幽默的特质，不可能一蹴而就，也并不容易做到。这是因为幽默是一种综合品质，体现出一个人的睿智风趣，并不是通过简单的教授就能够学会的技能。要想提升幽默能力，我们就必须让自己的思想更深邃，让自己的学识更渊博，让自己的智慧更灵敏，让自己在生活中常常有灵感乍现的时刻，这样才能随机应变地发挥幽默的能力。我们既要对自己幽默，也要对他人幽默，我们既要用幽默给自己带来快乐，也要用幽默给他人带来快乐。

幽默是如此难得，也是如此可贵。我们一定要看重幽默。要

想拥有豁达从容的人生，就离不开幽默的助力，幽默就像是人世间的一个小天使，有可能出现在生活中的每一个时刻和角落，幽默也像现实生活中的精灵，时刻围绕在我们的身边，环绕在我们的左右。我们从幽默之中汲取灵气，获得身心的快速成长，我们也从幽默之中感受到他人的真诚与友善，从而以同样的方式回馈他人。

人们常说，人生不如意之事十之八九，这为我们揭示了生活艰难的本质，但是这并不意味着幽默是不可实现的。只要我们始终怀着乐观的心态，只要我们始终坚持不放弃，我们就总能达到幽默的终极目的。

幽默作为一种品格，它的表现形式是丰富多彩的。通常情况下，我们可以以各种各样的形式表达幽默，诸如双关、意在言外、旁敲侧击、谐音、借题发挥及转移注意力等方式。只要我们恰到好处地运用幽默，就能起到良好的效果。

美国前总统里根是一个非常幽默的人，他品格豁达，待人宽容，尤其是在面对很多难以应对的尴尬局面时，他总是能够以幽默为自己脱身。

里根总统第一次去加拿大进行访问的时候，在加拿大的一个城市里举行了演说。就在里根进行演说的时候，很多加拿大人高

第八章 幽默是平淡生活的调味剂，让生活欢乐满满

呼着口号反对美国，面对这样激烈的场面，里根只能暂时停止演讲。这个时候，陪伴在里根身边的加拿大总统感到非常尴尬，他的眉头紧紧地皱了起来，他为加拿大人对美国总统做出不礼貌的举动而深感不安，难堪尴尬。不过，里根的表情恰恰相反。他满脸轻松，甚至还带着笑容。他安抚加拿大总统说："在美国，这样的事情可不罕见啊！我想，这里面一定有很多人是专程从美国赶来的，为了给我宾至如归的感觉，他们才带领贵国的人民给我这样的欢迎仪式。"听到里根这么说，加拿大总统终于消除了尴尬，也开怀大笑起来。

里根总统真的是一个懂得幽默，也非常善于运用幽默的人。他去加拿大进行访问，被加拿大的反美人士中断了演讲，最尴尬的就是加拿大总理。但是里根反客为主，反而安抚加拿大总理，以幽默诙谐的语言给了加拿大总理台阶下，这使得加拿大总理消除了尴尬，与里根之间的关系也更加融洽。

虽然我们并非是总统那样的大人物，而只是生活中的小人物，但是我们在日常生活中也要多多运用幽默的品格，这样才能让生活多几分快乐，少几分摩擦。很多人都认为生活是需要哲学来进行指导的，其实生活更需要幽默来进行润滑。只有幽默，才能摆平生活中或大或小的各种问题；只有幽默，才能让我们拥有宽容

豁达的心胸。幽默与乐观就像是一对好姐妹,她们彼此渗透,你中有我,我中有你。当我们同时具备了这两种优秀的品格,我们的人生就会呈现出更为博大的格局。

第九章
幽默是亲子关系的灭火剂，让剑拔弩张化为其乐融融

很多父母都因与孩子沟通不畅而感到非常苦恼，这是因为他们不能把握好与孩子相处的分寸，或者过于溺爱孩子，或者对孩子过于严苛，这些对待孩子的方式都会导致亲子关系紧张，也使得家庭教育不能达到预期的效果。如果父母善于运用幽默，那么幽默就会成为亲子关系的灭火剂，即使亲子关系剑拔弩张，在幽默的协调作用下，家庭气氛也会其乐融融，更加温馨。

幽默社交课

教育孩子，幽默必不可少

俗话说，良药苦口利于病，忠言逆耳利于行。一直以来，人们都用这句话劝说自己要吃苦口的良药，要听逆耳的忠言。然而，随着社会的发展，情商被提升到越来越重要的位置，很多人也都认识到幽默的重要作用。他们意识到，并非所有忠言都要以逆耳的形式说出来，也并非所有的良药都要让人尝到难以忍受的苦涩。在家庭教育中，如果父母能够改变教育孩子的粗暴方式，不再对孩子非打即骂，不再对孩子强权压制，而是以幽默的方式开启孩子的心智，以讲笑话的方式告诉孩子非常适用的道理，那么亲子之间的关系就会越来越融洽，家庭教育的效果也会事半功倍。

很多父母在教育孩子方面都进入了误区，他们觉得自己既然生养了孩子，哺育了孩子，那么就对孩子享有至高无上的权力。他们往往打着为孩子好的旗号，把自己的思想灌输给孩子，还强求孩子必须按照自己的意愿去做很多事情。在这样的强权教育模式下，父母非但不能教育好孩子，还有可能导致事与愿违，使教

第九章　幽默是亲子关系的灭火剂，让剑拔弩张化为其乐融融

育的效果大打折扣，甚至起到完全相反的效果。明智的父母在教育孩子的过程中善于运用幽默的方式，这样既能够刺激孩子的智力得以发展，又能够刺激孩子的思维能力和语言水平快速增长，最终实现教育孩子的目的。最重要的是，这样可以使原本剑拔弩张的亲子关系得到缓解，让孩子在父母的幽默中开怀大笑，并且感受到父母深深的爱。

遗憾的是，现实生活中，很多父母在教育孩子的时候都进入了两个极端。有些父母溺爱孩子，他们总是无限度地满足孩子所有的需求和欲望，对孩子提出的不情之请，他们也想方设法达到孩子满意。也有一些父母总是否定孩子的提议，拒绝孩子的合理请求，也常常因为孩子犯了小小的错误就打骂孩子，或者责罚孩子。这样一来，孩子在父母的溺爱之中溺亡，或者是被父母严厉苛刻的教育蒙蔽了心灵，认为父母根本不爱他们。可想而知，在这样的家庭里，亲子关系是多么糟糕。

在中国近代史上，梁启超是一位非常伟大的人。早在幼年时期，他就表现出不同于同龄人的聪慧，这是因为他的父亲一直在细心地教育他，为他营造了良好的家庭成长氛围。所以说，每个孩子成长与父母的教育都是密不可分的，而家庭正是孩子成长的沃土，父母一定要重视为孩子营造良好的家庭环境。

幽默社交课

在梁启超十岁那一年,有一天,父亲带着梁启超去朋友家里做客。朋友家有一个很大的院子,正值春暖花开的季节,院子里的杏花开得非常灿烂。梁启超刚刚走进院子,就被那些美丽的杏花迷住了,他趁着父亲正在和朋友寒暄,赶紧折下一枝杏花,藏在自己又宽又大的袖袍里。他万万没想到,父亲看似正在和朋友说话,却把他的举动完全看在了眼里,而且父亲的朋友和父亲朋友的家人也都看见了他的行为。为了不让他难堪,大家都选择了沉默。父亲很想当即就狠狠地批评梁启超,但是他知道十岁的梁启超已经很爱面子了,所以他决定先把这件事情搁置下来,等到机会合适的时候再教育梁启超。

父亲很清楚,梁启超刚刚来到朋友家里就做出了不当的举动,所以他心里一直惦记着这件事情呢。在酒席即将开席的时候,他决定要给儿子一个小小的提醒。当着众人的面,父亲说:"我出上联,考一考我们家的梁启超。如果梁启超能够对出下联,他就可以入席陪同我们一起吃吃喝喝;如果他不能对出下联,那么就罚他为长辈斟酒沏茶,站在一旁伺候我们吃吃喝喝。大家觉得可好?"朋友和家人对此都心知肚明,他们知道梁启超很有可能会受到父亲的惩罚,因而都沉默不语。这个时候,父亲已经说出了上联:"袖里笼花,小子暗藏春色。"听到父亲的这句话,梁启超知道自己做的事情败露了,他感到非常羞愧,但是他强作镇定,

第九章 幽默是亲子关系的灭火剂,让剑拔弩张化为其乐融融

并没有表现出大惊失色的样子。沉思片刻之后,他决定借此机会向父亲承认错误,因而脱口说出了下联:"堂前悬镜,大人明察秋毫"。梁启超对得非常巧妙,对仗工整,意思吻合,并且借此机会向父亲和他的朋友表达了歉意。看到梁启超如此机智,大家哈哈大笑起来,欢迎梁启超和大家一起入席。就这样,父亲以一副对联批评了梁启超的错误言行。这件事情之后,虽然父亲没有再批评梁启超,但是梁启超再也没有犯过类似的错误。

现实生活中,很多父母做得都不如梁启超的父亲这样周全。他们一旦发现孩子犯错误,或者护短,不愿意指出孩子的错误,或者当即指出孩子的错误,甚至严厉地批评和训斥孩子,损害孩子的颜面。显然易见,这两种极端的做法都是极其不恰当的。作为父母,教育孩子一定要发挥幽默的品质,而不要总是采取简单粗暴的方法对待孩子。毕竟孩子一天天长大了,他们有了自己的思想,有了自己的主见,如果父母再用曾经的方法强求孩子必须听从父母的话,那么只会导致事与愿违。

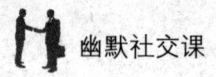 幽默社交课

幽默的父母是孩子的朋友

新生命呱呱坠地之后,需要依靠父母的照顾才能生存下来。父母对孩子的爱是无私的,他们愿意为孩子付出一切,也愿意为孩子拼尽所有的努力。毋庸置疑的一点是,父母非常喜欢和疼爱孩子,不管孩子长到多大年纪,也不管孩子做出了多么伟大的成就,在父母心里,孩子始终都是孩子。那么,父母除了要成为孩子的监护者之外,还应该成为孩子的朋友。对孩子而言,在小时候,他们需要父母的保护和照顾,随着渐渐长大,他们更需要朋友的陪伴,更需要值得信服的朋友引领他们在人生的道路上不断向前,也需要朋友谈天说地,倾诉心声。所以幽默的父母会身兼数种角色,既是孩子的父母,也是孩子的朋友;既是孩子的同路人,也是孩子的指引者。唯有父母面面俱到,做到最好,才能给予孩子更多的帮助。

在如今的生活之中,很多年轻的父母因为忙于工作,没有时间照顾孩子,所以就把孩子交给长辈照顾。例如,他们会把长辈

第九章 幽默是亲子关系的灭火剂，让剑拔弩张化为其乐融融

接到自己的家里，让长辈照看孩子。还有一些父母把孩子送到长辈的家里，让孩子和长辈一起生活。这就使得家庭成员的结构更加复杂，家庭生活也充满更多变数。作为父母，如果在和年轻的晚辈相处时有些事情不好表达，那么可以采取幽默的方式应对，这样既维护了自己的颜面，又给了晚辈回旋的余地，可谓一举两得。

赵凯和小燕结婚之后，两个人的事业心都很强。他们原本计划结婚之后过几年再要孩子，却意外地怀孕了。得知这个喜讯，双方的父母都非常开心。原本，赵凯和小燕想不要这个孩子，看到父母们喜笑颜开的模样，只得改变了主意，为了让双方父母开心而选择继续妊娠，把孩子平安地生下来。

直到孩子出生之后，小燕才意识到自己面临的真正难题是什么。原本，她挺着大肚子上班虽然辛苦，但是至少没有孩子捣乱。现在呢？孩子每天都会出各种各样的状况，一会儿吃了，一会儿拉了，一会儿撒尿了，一会儿又口渴了。总而言之，她片刻也不得停歇，好不容易熬到三个月产假到期，小燕欢天喜地地去上班了，把孩子丢给婆婆照看。

婆婆虽然才刚刚退休，但是毕竟年老体迈，独自照顾孩子还是非常吃力的。又因为和小燕住在一起，每天朝夕相处，婆婆和

小燕之间有了一些矛盾。最终，婆婆决定搬回自己的家里去住。小燕如果想让婆婆照顾孩子，就要把孩子送到婆婆家里。虽然自家的小家距离婆婆家有一定的距离，但是小燕每天都不厌其烦地早早起床，把孩子送到婆婆家里。有一次，小燕送孩子去婆婆家里之后急急忙忙准备去上班，临走之前，婆婆突然对小燕说："小燕，很感谢你给了我双重的快乐。"

听到婆婆这么说，小燕感到莫名其妙。她疑惑地看着婆婆，问："妈，你为什么这么说呢？"婆婆笑起来，说："所谓双重的快乐，就是你把孩子送来的时候，我很开心；你把孩子带走的时候，我更开心。"听到婆婆的话，小燕恍然大悟，她意识到自己不能总是让婆婆帮忙带孩子，剥夺了婆婆自由享受生活的权利。后来，小燕和自己的妈妈——孩子的姥姥商议了一番，最终决定让姥姥退居二线，这样姥姥就可以和婆婆轮流带孩子了。经过这样的调整之后，婆婆一边带孩子，一边也可以得到休息，就没有那么大的意见了。

退休的老人带孩子一定会感到很辛苦，但是既然是带自己的亲孙子，是帮自己的儿子和媳妇，老人又没有办法直截了当地表示拒绝，所以就采取了这样幽默的方式表达了自己的感受。幸好儿媳妇小燕也是非常聪明的，她在听到婆婆这样隐晦的暗示之后，

第九章 幽默是亲子关系的灭火剂，让剑拔弩张化为其乐融融

当即意识到婆婆的辛苦，因而马上发动自己的妈妈和婆婆一起带孩子，帮助婆婆分担重任。

因为婆婆这样幽默的表达，小燕丝毫也没有感到反感，反而为婆婆如此聪慧的表达方式而点赞。这样的表达既保全了婆婆的颜面，也让小燕有了回旋的余地。最终，在婆婆与小燕的共同努力下，她们的婆媳关系越来越融洽了。

其实，生活处处留心皆学问。作为父母，只要有幽默的意识，愿意运用幽默的技巧和孩子沟通，就能找到发挥幽默的机会。最重要的是，父母不要摆出一副高高在上的姿态面对孩子，也不要总是带着训斥的态度与孩子沟通。只有真正地尊重和平等对待孩子，父母才能把孩子当成自己的朋友，也才能在面对很多问题的时候敞开心扉地与孩子进行交流和沟通，最终圆满地解决问题。

很多人都为自己与孩子之间的关系剑拔弩张而感到苦恼，其实不管是作为年老的父母与已经成家的孩子进行沟通，还是作为年轻的父母与尚未长大的孩子进行沟通，都要遵循尊重和平等对待的原则。在此基础上，只要坚持运用幽默的技巧，沟通就会水到渠成。

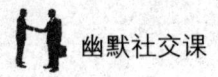 幽默社交课

幽默地提出期望，让孩子奋发向上

现代社会中，大多数父母都陷入了教育焦虑状态，他们望子成龙，望女成凤。在很多家庭生活中，父母把孩子的教育问题放置首位，全家人的生活都要围绕着教育孩子进行安排。在这样的状态下，家庭生活自然以孩子为中心，所以父母对孩子的期望也就水涨船高了。

很多人都说现在的孩子特别幸福，因为他们衣食无忧，从来不需要为生活而发愁，只需要好好学习达到父母的期望即可。他们却不知道，只是好好学习这个要求就让孩子们感到不堪重负，这是因为父母的期望总是不断地变化着。有些父母在对孩子提出期望，且看到孩子满足了自己的期望之后，马上又对孩子提出更高的期望。也有些孩子因为各个方面的原因根本无法完成父母的期望，使父母对他们大失所望。这些都会使孩子感到不堪重负，也使孩子感到心力憔悴。作为明智的父母，在对孩子表达期望的时候，一定要选取有效的方式。如果父母总

第九章　幽默是亲子关系的灭火剂，让剑拔弩张化为其乐融融

是强求孩子每次考试都考班级第一，或者强求孩子考入重点学校，那么孩子在重压之下说不定还会导致成绩下滑呢。当父母以幽默的方式表达对孩子的期望时，孩子即使达不到父母的期望，也不会感到过于愧疚。与此同时，父母还可以继续表达对孩子的期望，让孩子竭尽所能地做到最好，这才是更好的亲子相处模式。

有个男孩在读大学的时候成绩非常优秀，始终在班级里名列前茅，在年级里的名次也是非常靠前的。在大学本科毕业的时候，他的排名进入了前十名，他是第九名。对于这么优秀的成绩，爸爸虽然很开心，但还是认为男孩有很大的进步空间。

正在这个时候，男孩接到了研究生的录取通知书。原来，男孩凭着努力考上了理想院校的研究生，还选择了自己最喜欢的专业。得到这个好消息，爸爸简直欣喜若狂，他高兴地对男孩说："我的儿子呀，你在学校里已经读了17年的书，现在，作为一个考不上第一名的大笨蛋，我希望你能够在读研究生的时候发愤图强，争取取得更好的成绩！"听到爸爸的话，儿子也高兴得哈哈大笑起来。

平日里，父母说孩子是大笨蛋，有可能会让孩子感到非常伤心，但是在这个事例中，爸爸虽然说孩子是大笨蛋，却不是在挖

213

苦讽刺孩子，实际上是在正话反说，真实的用意是表扬孩子取得了好成绩。难道考不上第一名就是大笨蛋吗？事实证明，孩子进入前十名已经非常优秀了，现在又考上了理想的研究生，更是双喜临门。所以在此过程中，父亲以幽默的方式表达了对男孩的期望，也表达了对孩子的信心，给予男孩更强有力的支持。

人们常说，书山有路勤为径，学海无涯苦作舟。对于每个莘莘学子而言，学习从来不是轻轻松松、一蹴而就的事情。要想在学习上有所成就，我们就要坚持努力，坚持付出。作为父母，除了要多多激励孩子之外，还要给孩子以强大的推动力，尤其是要多多认可孩子，给孩子信心。唯有这样，孩子才能在父母的期望之下坚持奋发向上，坚持努力前行。

有些父母因为对孩子期望过高，每当孩子表现得不能让父母满意时，他们就会对孩子感到失望，或者挖苦、嘲笑和讽刺孩子。殊不知，每个孩子的天赋都是不同的，有些人也许擅长这个方面的学习，有些人也许擅长那个方面的学习，那么父母在督促孩子学习的过程中，应该坚持做到以人为本，不要对孩子提出不切实际的期望。当期望过于远大，孩子即使再怎么努力也无法实现，孩子就会感到颓废沮丧。只有恰到好处的期望，才能激励孩子不懈努力，才能让孩子踮一踮脚尖就够到，才能让孩子获得很大的进步。否则，期望就会给孩子以向下的打压力，使孩子感到不堪重负。

第九章　幽默是亲子关系的灭火剂，让剑拔弩张化为其乐融融

幽默面对孩子，爱要大声说出来

在传统观念的影响下，很多父母对于孩子的爱隐藏得都很深。在孩子小时候，父母还会拥抱孩子，亲吻孩子，与孩子亲昵。但是随着孩子渐渐成长，父母与孩子之间的关系却显得更加疏远，这不是因为父母不爱孩子，而是因为父母不善于向逐渐长大的孩子表达自己的爱。

很多时候，也有些父母因为不懂得如何与子女沟通，所以使子女形成了错误的感觉，误以为父母根本不爱自己。面对这样的情况，父母不要抱怨孩子是白眼狼，而是要从自身的行为举止出发，反思自己为何让孩子无法感受到父母的爱。

在很多家庭里，父母对孩子表现得非常冷漠，使孩子不能获得安全感，无法感受到父母的爱，最终变成了问题少年。也导致心理问题频出，最终走上了犯罪的道路。在孩子成长的过程中，父母最重要的事情就是给予孩子足够的安全感，以正确的方式表达对孩子的爱，把对孩子的爱大声地说出来，这对于构建良好的

亲子关系是大有裨益的。

俗话说，虎毒不食子，意思是即使是很凶猛的老虎，也不会伤害自己的孩子，何况是人类呢？但是，作为父母，我们不能仅仅以这句话告诉孩子我们是爱他们的。对于孩子而言，父母是他们在这个世界上唯一的依靠，他们的安全感来自父母，所以父母更应该向孩子表达爱，也要让孩子理解父母的苦心。唯有在爱的氛围中，父母与孩子才会心心相印，才会更好地沟通与互动。

如果父母不好意思向孩子说出自己的爱，又该怎么办呢？其实，父母与孩子是世界上最亲密的人，有着最亲的血缘关系，也有着共同的目标。所有父母都希望孩子成才，希望孩子获得幸福，这正是父母对孩子最深的期盼。既然如此，父母就不要羞于对孩子表达爱，而是要告诉孩子自己的爱有多深，这样才能增进亲子感情。

在那些把孩子交给老人养育的家庭中，父母因为与孩子交流比较少，接触的机会也很少，所以与孩子非常疏远。在这种情况下，父母一旦获得了机会，例如每天下班回到家里或者是周末的时候，一定要多多陪伴孩子，弥补对孩子的亏欠，这样父母才能加深与孩子之间的感情。

第九章 幽默是亲子关系的灭火剂,让剑拔弩张化为其乐融融

1853年,法国戏剧家小仲马创作的歌剧《茶花女》进行了第一次公演。这次公演引起了巨大的反响,很多观众都特别喜欢《茶花女》,街头巷尾都在谈论这部歌剧。小仲马正是凭着《茶花女》这部戏剧一炮而红,成为了大名鼎鼎的戏剧家。

取得了这样的成就,小仲马激动万分。当时,他的父亲大仲马正在布鲁塞尔流亡呢,他马上就给父亲发了一封电报,告诉父亲自己的戏剧《茶花女》在公演中取得了空前的成功。在电报中,他说自己的歌剧《茶花女》获得了赞誉,就像父亲的作品第一次被搬上舞台时盛况空前。看到小仲马拍来的电报,大仲马即使身在远方,不能当面恭喜小仲马,也感到万分激动。他当即回了一封电报给小仲马,在电报中说:"我亲爱的孩子,你就是我最好的作品!"

大仲马这句话虽然只有寥寥数语,但却充分发挥了幽默的能力,表达了自己对小仲马的挚爱和赞赏。虽然父子二人相距遥远,但是他们的关系却因为这两封电报的互动而变得更加亲近,他们的感情也变得更加深厚。

遗憾的是,现实生活中,太多的父母习惯于否定孩子,哪怕他们明知道孩子的表现已经非常好了,也明知道孩子已经拼尽全力努力实现父母的期望了,但是他们还是会挑剔和苛责孩子。这

使得孩子不管多么辛苦努力，都不能得到父母的认可，会让孩子感受到深深的挫败感。

很多父母抱怨孩子不知道父母对他们的爱有多么深，其实作为父母，又何尝知道孩子多么依赖和信任父母呢？如果父母知道这一点，他们就会慷慨地给予孩子支持和鼓励、赞美和激励，这样才能让孩子更加充满力量，做得更好。

有些父母之所以不愿对孩子表达爱，不想和孩子平等地沟通与相处，就是因为他们害怕在孩子面前失去威严。实际上，真正的威严并不是靠着板起面孔、声色俱厉树立起来的。作为父母，即使与孩子的关系非常亲近，与孩子的感情非常深厚，主动地向孩子表达自己的爱，也依然可以在孩子面前树立威严。这样的威严才是真正的威严。在这样的威严中，孩子会非常尊敬和看重父母，也会真正地理解和信赖父母，使得亲子关系提升到前所未有的高度。

第九章　幽默是亲子关系的灭火剂，让剑拔弩张化为其乐融融

面对有"问题"的父母，孩子学会幽默提意见

民间有句俗话，叫作天下没有不是的父母。这句话放在封建时代，表达了孩子们对父母的孝顺。放在现代社会，不免使人对其产生质疑：父母也是人，不是无所不能的神，父母也会犯错误，所以我们要说，父母不是无"问题"的父母，而是有"问题"的父母。那么，面对有"问题"的父母，我们应该如何做，才能为父母指出缺点和不足呢？

在封建时代，人们信奉百善孝为先，认为要想当好人，就一定要先孝敬父母，这是封建传统思想的表现。这里所说的孝敬父母，指的不是敬爱父母，而是要对父母表现出绝对的服从。这完全符合封建礼教的迂腐观念，认为作为晚辈就要无条件地顺从长辈。其实，这样做并非真正地孝敬父母，而是对父母的愚孝，往往会导致家庭生活出现各种不和谐的音符。

从新时代的观念来看，在一个幸福和睦的家庭中，晚辈固然要孝敬长辈，却不要盲目地服从长辈，毕竟每个人都有自己的局

限和不足。即使是作为长辈，也不可能在所有事情上都保证正确。既然如此，我们就要给予长辈更好的对待。当长辈提出不同意见的时候，我们要加以理性分析。如果长辈说得对，我们就采纳长辈的建议；如果长辈说得不对，我们也可以把自己的态度和观点告诉长辈，与长辈进行协商。如果长辈本身是一个很固执的人，或者很看重自己的面子，那么在为长辈提出意见的时候，我们一定要讲究方式方法，最好以幽默的方式告诉长辈我们的态度和观点，而不要强硬地和长辈顶撞，否则就会伤害长辈的尊严，让长辈感到很没有面子，因而导致事与愿违。

鲁迅先生曾经说过一句名言广为流传，即"不在沉默中爆发，就在沉默中死亡"。这告诉我们，在与长辈相处的过程中，如果我们一味地顺从长辈，委屈自己，或者是没有抓住机会说出自己的正确观点，而把对长辈的不满一直压抑在心中，那么日久天长就会导致结果变得非常糟糕，有可能是亲子关系破裂，也有可能使自己做出过激的举动，把家里闹得鸡飞狗跳。在家庭生活中，我们与每个家庭成员都是至亲至爱的关系，所以应该做到有问题及时解决，及时沟通，这样才能真正作到互相尊重和理解。

要想做到这一点，作为晚辈的我们就要运用幽默的方法提出意见。面对有"问题"的长辈，让有"问题"的长辈意识到他们并非凡事都做得很正确，也让有"问题"的长辈有意识地反省自

第九章 幽默是亲子关系的灭火剂,让剑拔弩张化为其乐融融

己的行为举止,从而更好地对待我们。

自从乐乐上了初中,妈妈每天都非常辛苦,早晨六点钟就要起床给乐乐做饭。妈妈虽然很擅长做面食,但是对于做米饭却是很不擅长的。对此,乐乐一直想给妈妈提意见,但是一想到妈妈每天起早贪黑地照顾他,他又不好意思对妈妈提意见了,生怕妈妈因此而感到伤心。

有一天早晨,妈妈给乐乐做了腊肠蒸饭。和以往一样,这个腊肠蒸饭并不好吃,乐乐灵机一动对妈妈说道:"妈妈,我最喜欢吃您做的包子了。"妈妈很纳闷地问:"为什么呢?腊肠蒸饭不也很好吃吗?"乐乐说:"您做的包子皮薄馅多,特别好吃,包子里的汁水也多,咬一口就能够吸到很多汤汁,简直就像灌汤包。我一口气就能吃好几个呢!"听到乐乐给予包子这么高的评价,妈妈的脸上笑开了花。

这个时候,妈妈又问道:"你不喜欢吃米饭吗?我以为你喜欢吃腊肠米饭呢!"乐乐笑着说:"我也喜欢吃您做的腊肠米饭,因为您做的腊肠米饭比别人家的腊肠米饭更有特色。我觉得可以叫作一锅三味。"妈妈更纳闷了,说:"我明明只做了一种米饭,为什么叫三味呢?"乐乐暗自窃喜,因为他正等着妈妈提出这个问题呢!他一本正经地回答道:"因为您做的米饭有三种味道。当然,

您不是靠着调料区分味道的,而是靠着米的生熟程度区分味道的。例如,米饭的最底下一层靠近电饭煲的锅底,形成了锅巴又硬又脆;中间那一层的米饭是夹生的,所以我每次吃饭都要使劲地咀嚼,长年累月地坚持下来,我的脸才会变得越来越小,因为肌肉太发达;最上面的那层米饭特别软烂,因为这一层的米饭和腊肠饭里的菜都煮烂了,混合在一起你中有我,我中有你,就算是80岁没牙的老太太也能吃。所以,我才说是一锅三味啊!虽然腊肠米饭只有一种味道,但却有不同的口感,所以也可以算作三味饭啦!"

乐乐话音刚落,妈妈就忍不住笑起来,说:"你这个家伙,这是在给我提意见呀!刚才说包子是在真心诚意地表扬我,现在说米饭完全是在批评我,别以为我老了就听不出来好赖话了,我还是能听懂的。好吧,我今天好好百度一下,研究研究怎么做才能把米饭蒸得更好吃,让你真心地表扬我。"乐乐终于达到了自己的目的,妈妈呢,也开心地接受了乐乐的意见,真是皆大欢喜。

作为小辈,给长辈提意见往往感到非常为难,就像事例中乐乐所想的那样,妈妈每天起早贪黑地照顾他,给他做饭,原本就很辛苦。在这种情况下,如果乐乐还挑剔妈妈做的饭不好吃,妈妈难免会感到伤心。不过乐乐非常聪明,他用幽默的方式先是表

第九章 幽默是亲子关系的灭火剂，让剑拔弩张化为其乐融融

扬了妈妈蒸的包子好吃，然后再正话反说，继续"表扬"使妈妈意识到自己的优势和不足，也让妈妈积极主动地改进自己做饭的**技巧和方法**。

父母也是普普通通的人，也有七情六欲，也有喜怒哀乐，也有**优点和缺点**。所以，父母一定也会犯错误。作为新时代的人，**我们作为孩子不应该迷信父母，作为父母不应该强求孩子迷信自己。作为成年人，切勿对父母愚孝**。当父母做错事的时候，我们只要**讲究方式方法**，以幽默为原则恰到好处地为父母指出错误，相信父母非但不会因此而感到难堪，还会感谢我们如此懂事呢！

当然，不管长辈做得如何，我们都应该尊重长辈，孝敬长辈，毕竟长辈为我们付出了很多，所以我们应该认可他们的付出。只有在此基础上真诚地为他们提出意见，他们才愿意接受我们的好意。

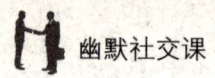 幽默社交课

后 记

　　美国大名鼎鼎的哲学家帕克曾经说过，幽默的目的在于审美。对于这句话，每个人都有不同的理解。不过有一点是毋庸置疑的，那就是这句话告诉我们，幽默是把聪明的才智与智慧博学的知识综合运用所产生的良好效果。幽默的人总是能够使人发笑，也使人感到惊异。那些至高境界的幽默还常常让人感到啼笑皆非。不管是主动发挥幽默的人，还是被幽默辐射到的人，他们都会非常快乐，非常幸福，所以幽默是生活的润滑剂，也是生活中必不可少的调味剂。

　　在现实生活中，每个人都愿意与能够给自己带来快乐的人交往，而不愿意与那些整日愁眉苦脸、让自己感到心情压抑的人相处。其实，幽默与情商是密切相关的。近些年来，情商被提升到前所未有的高度，有人认为情商比智商更加关系到我们的成功与否。既然如此，我们为何不培养自己的幽默能力呢？

　　细心的朋友们会发现，那些在工作上顺利做出成就的人，并

后记

非有着过人的智商，也并非有着超常的能力，而是富有幽默感。在与人相处的过程中，他们总是妙语如珠、口吐莲花，让身边的人感到如沐春风、轻松愉悦。这样，他们自然就会成为众人瞩目的焦点，也会结交更多的朋友，建立良好的人脉关系。

人是群居动物，没有人可以离群索居孤独地生活。既然生活在人群中，我们就要与他人进行交流，幽默恰恰能让交流顺畅进行。人与人之间的相处和交往，最根本的目的就是向他人表达清楚自己的意思，也能够让他人理解我们的真实心意，从而与我们达成共识。在谈判、演讲等特殊的场合里，我们还要通过语言的张力来实现自己的目的，也就是说服他人。在此过程中，如果能够激活幽默的细胞，发挥幽默的巧妙作用，就会让表达变得更加有力，也能让说服水到渠成。

古人云，工欲善其事，必先利其器。作为一个想通过人际沟通来展现自己、推销自己的人，我们一定要先提升自己的语言表达能力，让自己拥有幽默这一利器。尤其是在现在的职场中，竞争的压力越来越大，工作和生活的节奏越来越快，每个职场人士长期处于工作的强压之下，如果不能与同事、上司和下属之间搞好关系，那么就会更加感到不堪重负。如果善于运用幽默的表达技巧，维护好与同事、上司和下属的关系，至少能够让自己在工作中得到更多助力，也保持心情愉悦。工作的效率自然会更高，工作上也就会取得更好的成绩。

　　总而言之,幽默的作用非常多,也对我们的生活起到了重大的影响。作为现代人,我们不仅要非常重视幽默,也要当即开始练习幽默的技巧,提升幽默的水平,成为真正的幽默大师,乐享生活。